Ƭ尺丹几乙ㄴ丹Ƭと
Translated Language Learning

The Communist Manifesto

O Manifesto Comunista

Karl Marx & Friedrich Engels

English / Português

Published by Tranzlaty
ISBN: 978-1-83566-196-3
Original text by Karl Marx and Friedrich Engels
The Communist Manifesto
First published in 1848
www.tranzlaty.com

Introduction
Introdução

A spectre is haunting Europe — the spectre of Communism

Um espectro assombra a Europa — o espectro do comunismo

All the Powers of old Europe have entered into a holy alliance to exorcise this spectre

Todas as Potências da velha Europa entraram numa santa aliança para exorcizar este espectro

Pope and Czar, Metternich and Guizot, French Radicals and German police-spies

Papa e Czar, Metternich e Guizot, radicais franceses e espiões da polícia alemã

Where is the party in opposition that has not been decried as Communistic by its opponents in power?

Onde está o partido na oposição que não foi denunciado como comunista pelos seus opositores no poder?

Where is the Opposition that has not hurled back the branding reproach of Communism, against the more advanced opposition parties?

Onde está a Oposição que não lançou de volta a censura branda do comunismo, contra os partidos mais avançados da oposição?

And where is the party that has not made the accusation against its reactionary adversaries?

E onde está o partido que não fez a acusação contra os seus adversários reacionários?

Two things result from this fact

Deste facto resultam duas coisas

I. Communism is already acknowledged by all European Powers to be itself a Power

I. O comunismo já é reconhecido por todas as potências europeias como sendo ele próprio uma potência

II. It is high time that Communists should openly, in the face of the whole world, publish their views, aims and tendencies

II. É mais do que tempo de os comunistas publicarem abertamente, perante o mundo inteiro, as suas opiniões, objetivos e tendências

they must meet this nursery tale of the Spectre of Communism with a Manifesto of the party itself

devem encontrar este conto infantil do Espectro do Comunismo com um Manifesto do próprio partido

To this end, Communists of various nationalities have assembled in London and sketched the following Manifesto

Para o efeito, comunistas de várias nacionalidades reuniram-se em Londres e esboçaram o seguinte Manifesto

this manifesto is to be published in the English, French, German, Italian, Flemish and Danish languages

este manifesto será publicado nas línguas alemã, inglesa, francesa, italiana, flamenga e dinamarquesa

And now it is to be published in all the languages that Tranzlaty offers

E agora deve ser publicado em todas as línguas que Tranzlaty oferece

Bourgeois and the Proletarians
Burgueses e proletários

The history of all hitherto existing societies is the history of class struggles

A história de todas as sociedades até agora existentes é a história das lutas de classes

Freeman and slave, patrician and plebeian, lord and serf, guild-master and journeyman

Homem livre e escravo, patrício e plebeu, senhor e servo, mestre de guilda e viajante

in a word, oppressor and oppressed

numa palavra, opressor e oprimido

these social classes stood in constant opposition to one another

Estas classes sociais mantiveram-se em constante oposição entre si

they carried on an uninterrupted fight. Now hidden, now open

eles continuaram uma luta ininterrupta. Agora escondido, agora aberto

a fight that either ended in a revolutionary re-constitution of society at large

uma luta que ou terminou numa reconstituição revolucionária da sociedade em geral

or a fight that ended in the common ruin of the contending classes

ou uma luta que terminou na ruína comum das classes em disputa

let us look back to the earlier epochs of history

Olhemos para as épocas anteriores da história

we find almost everywhere a complicated arrangement of society into various orders

encontramos em quase toda parte um complicado arranjo da sociedade em várias ordens

there has always been a manifold gradation of social rank

sempre houve uma gradação múltipla da posição social

In ancient Rome we have patricians, knights, plebeians, slaves
Na Roma antiga temos patrícios, cavaleiros, plebeus, escravos
in the Middle Ages: feudal lords, vassals, guild-masters, journeymen, apprentices, serfs
na Idade Média: senhores feudais, vassalos, senhores de guildas, viajantes, aprendizes, servos
in almost all of these classes, again, subordinate gradations
em quase todas essas classes, novamente, gradações subordinadas
The modern Bourgeoisie society has sprouted from the ruins of feudal society
A sociedade burguesa moderna brotou das ruínas da sociedade feudal
but this new social order has not done away with class antagonisms
Mas esta nova ordem social não eliminou os antagonismos de classe
It has but established new classes and new conditions of oppression
Estabeleceu apenas novas classes e novas condições de opressão
it has established new forms of struggle in place of the old ones
Estabeleceu novas formas de luta no lugar das antigas
however, the epoch we find ourselves in possesses one distinctive feature
No entanto, a época em que nos encontramos possui uma característica distintiva
the epoch of the Bourgeoisie has simplified the class antagonisms
a época da burguesia simplificou os antagonismos de classe
Society as a whole is more and more splitting up into two great hostile camps
A sociedade como um todo está cada vez mais dividida em dois grandes campos hostis

**two great social classes directly facing each other:
Bourgeoisie and Proletariat**

duas grandes classes sociais que se enfrentam diretamente: a
burguesia e o proletariado

**From the serfs of the Middle Ages sprang the chartered
burghers of the earliest towns**

Dos servos da Idade Média brotaram os burgueses fretados
das primeiras cidades

**From these burgesses the first elements of the Bourgeoisie
were developed**

A partir desses burgueses desenvolveram-se os primeiros
elementos da burguesia

The discovery of America and the rounding of the Cape

A descoberta da América e o arredondamento do Cabo

**these events opened up fresh ground for the rising
Bourgeoisie**

estes acontecimentos abriram um novo terreno para a
burguesia em ascensão

**The East-Indian and Chinese markets, the colonisation of
America, trade with the colonies**

Os mercados da Índia Oriental e da China, a colonização da
América, o comércio com as colónias

**the increase in the means of exchange and in commodities
generally**

o aumento dos meios de troca e das mercadorias em geral

**these events gave to commerce, navigation, and industry an
impulse never before known**

Estes eventos deram ao comércio, à navegação e à indústria
um impulso nunca antes conhecido

**it gave rapid development to the revolutionary element in
the tottering feudal society**

Deu rápido desenvolvimento ao elemento revolucionário na
sociedade feudal cambaleante

**closed guilds had monopolised the feudal system of
industrial production**

As guildas fechadas monopolizaram o sistema feudal de produção industrial

but this no longer sufficed for the growing wants of the new markets

Mas isso já não era suficiente para as necessidades crescentes dos novos mercados

The manufacturing system took the place of the feudal system of industry

O sistema manufatureiro tomou o lugar do sistema feudal da indústria

The guild-masters were pushed on one side by the manufacturing middle class

Os mestres da guilda foram empurrados de um lado pela classe média manufatureira

division of labour between the different corporate guilds vanished

a divisão do trabalho entre as diferentes guildas empresariais desapareceu

the division of labour penetrated each single workshop

A divisão do trabalho penetrou em cada oficina

Meantime, the markets kept ever growing, and the demand ever rising

Entretanto, os mercados continuaram a crescer e a procura a aumentar

Even factories no longer sufficed to meet the demands

Mesmo as fábricas já não eram suficientes para atender às demandas

Thereupon, steam and machinery revolutionised industrial production

A partir daí, o vapor e as máquinas revolucionaram a produção industrial

The place of manufacture was taken by the giant, Modern Industry

O lugar de fabricação foi tomado pela gigante, Indústria Moderna

the place of the industrial middle class was taken by industrial millionaires

O lugar da classe média industrial foi ocupado por milionários industriais

the place of leaders of whole industrial armies were taken by the modern Bourgeoisie

o lugar de líderes de exércitos industriais inteiros foi tomado pela burguesia moderna

the discovery of America paved the way for modern industry to establish the world market

a descoberta da América abriu caminho para a indústria moderna estabelecer o mercado mundial

This market gave an immense development to commerce, navigation, and communication by land

Este mercado deu um imenso desenvolvimento ao comércio, navegação e comunicação por terra

This development has, in its time, reacted on the extension of industry

Esta evolução tem, no seu tempo, reagido à extensão da indústria

it reacted in proportion to how industry extended, and how commerce, navigation and railways extended

reagiu proporcionalmente à forma como a indústria se expandiu e como o comércio, a navegação e os caminhos de ferro se estenderam

in the same proportion that the Bourgeoisie developed, they increased their capital

na mesma proporção em que a burguesia se desenvolveu, eles aumentaram seu capital

and the Bourgeoisie pushed into the background every class handed down from the Middle Ages

e a burguesia empurrou para segundo plano todas as classes transmitidas desde a Idade Média

therefore the modern Bourgeoisie is itself the product of a long course of development

portanto, a burguesia moderna é ela própria o produto de um longo curso de desenvolvimento

we see it is a series of revolutions in the modes of production and of exchange

Vemos que é uma série de revoluções nos modos de produção e de troca

Each developmental Bourgeoisie step was accompanied by a corresponding political advance

Cada passo da burguesia desenvolvimentista era acompanhado por um avanço político correspondente

An oppressed class under the sway of the feudal nobility

Uma classe oprimida sob o domínio da nobreza feudal

an armed and self-governing association in the mediaeval commune

uma associação armada e autónoma na comuna medieval

here, an independent urban republic (as in Italy and Germany)

aqui, uma república urbana independente (como na Itália e na Alemanha)

there, a taxable "third estate" of the monarchy (as in France)

lá, um "terceiro patrimônio" tributável da monarquia (como na França)

afterwards, in the period of manufacture proper

depois, no período de fabrico propriamente dito

the Bourgeoisie served either the semi-feudal or the absolute monarchy

a burguesia servia a monarquia semifeudal ou absoluta;

or the Bourgeoisie acted as a counterpoise against the nobility

ou a burguesia agia como um contraponto contra a nobreza

and, in fact, the Bourgeoisie was a corner-stone of the great monarchies in general

e, de facto, a burguesia era uma pedra angular das grandes monarquias em geral

but Modern Industry and the world-market established itself since then

mas a Indústria Moderna e o mercado mundial estabeleceram-se desde então

and the Bourgeoisie has conquered for itself exclusive political sway

e a burguesia conquistou para si o domínio político exclusivo

it achieved this political sway through the modern representative State

conseguiu essa influência política através do Estado representativo moderno

The executives of the modern State are but a management committee

Os executivos do Estado moderno são apenas um comité de gestão

and they manage the common affairs of the whole of the Bourgeoisie

e administram os assuntos comuns de toda a burguesia

The Bourgeoisie, historically, has played a most revolutionary part

A burguesia, historicamente, desempenhou um papel revolucionário

wherever it got the upper hand, it put an end to all feudal, patriarchal, and idyllic relations

onde quer que tenha vantagem, pôs fim a todas as relações feudais, patriarcais e idílicas

It has pitilessly torn asunder the motley feudal ties that bound man to his "natural superiors"

Rasgou impiedosamente os laços feudais heterogéneos que ligavam o homem aos seus "superiores naturais"

and it has left remaining no nexus between man and man, other than naked self-interest

e não deixou nenhum nexo entre o homem e o homem, a não ser o interesse próprio nu

man's relations with one another have become nothing more than callous "cash payment"

As relações do homem entre si tornaram-se nada mais do que um insensível "pagamento em dinheiro"

It has drowned the most heavenly ecstasies of religious fervour

Afogou os mais celestiais êxtases do fervor religioso

it has drowned chivalrous enthusiasm and philistine sentimentalism

Afogou o entusiasmo cavalheiresco e o sentimentalismo filisteu

it has drowned these things in the icy water of egotistical calculation

Afogou estas coisas na água gelada do cálculo egoísta

It has resolved personal worth into exchangeable value

Resolveu o valor pessoal em valor trocável

it has replaced the numberless and indefeasible chartered freedoms

substituiu as inúmeras e inalienáveis liberdades consagradas

and it has set up a single, unconscionable freedom; Free Trade

e instaurou uma liberdade única e inconcebível; Comércio livre

In one word, it has done this for exploitation

Numa palavra, fê-lo para exploração

exploitation veiled by religious and political illusions

exploração velada por ilusões religiosas e políticas

exploitation veiled by naked, shameless, direct, brutal exploitation

exploração velada pela exploração nua, despudorada, direta, brutal

the Bourgeoisie has stripped the halo off every previously honoured and revered occupation

a burguesia despojou a auréola de todas as ocupações anteriormente honradas e reverenciadas

the physician, the lawyer, the priest, the poet, and the man of science

o médico, o advogado, o padre, o poeta e o homem de ciência

it has converted these distinguished workers into its paid wage labourers

converteu estes trabalhadores ilustres em trabalhadores assalariados remunerados

The Bourgeoisie has torn the sentimental veil away from the family

A burguesia rasgou o véu sentimental da família

and it has reduced the family relation to a mere money relation

e reduziu a relação familiar a uma mera relação monetária

the brutal display of vigour in the Middle Ages which Reactionists so much admire

a brutal demonstração de vigor na Idade Média que os reacionários tanto admiram

even this found its fitting complement in the most slothful indolence

mesmo isso encontrou o seu complemento adequado na mais preguiçosa indolência

The Bourgeoisie has disclosed how all this came to pass

A burguesia revelou como tudo isso aconteceu

The Bourgeoisie have been the first to show what man's activity can bring about

A burguesia foi a primeira a mostrar o que a atividade do homem pode trazer

It has accomplished wonders far surpassing Egyptian pyramids, Roman aqueducts, and Gothic cathedrals

Realizou maravilhas superando em muito as pirâmides egípcias, aquedutos romanos e catedrais góticas

and it has conducted expeditions that put in the shade all former Exoduses of nations and crusades

e realizou expedições que colocaram na sombra todos os antigos Êxodos de nações e cruzadas

The Bourgeoisie cannot exist without constantly revolutionising the instruments of production

A burguesia não pode existir sem revolucionar constantemente os instrumentos de produção

and thereby it cannot exist without its relations to production

e, portanto, não pode existir sem as suas relações de produção
and therefore it cannot exist without its relations to society
e, portanto, não pode existir sem as suas relações com a sociedade
all earlier industrial classes had one condition in common
Todas as classes industriais anteriores tinham uma condição em comum
they relied on the conservation of the old modes of production
Apoiavam-se na conservação dos antigos modos de produção
but the Bourgeoisie brought with it a completely new dynamic
mas a burguesia trouxe consigo uma dinâmica completamente nova
Constant revolutionizing of production and uninterrupted disturbance of all social conditions
Constante revolução da produção e perturbação ininterrupta de todas as condições sociais
this everlasting uncertainty and agitation distinguishes the Bourgeoisie epoch from all earlier ones
esta eterna incerteza e agitação distingue a época burguesa de todas as anteriores;
previous relations with production came with ancient and venerable prejudices and opinions
As relações anteriores com a produção vieram com preconceitos e opiniões antigas e veneráveis
but all of these fixed, fast-frozen relations are swept away
Mas todas essas relações fixas e congeladas são varridas
all new-formed relations become antiquated before they can ossify
todas as relações recém-formadas tornam-se antiquadas antes de poderem ossificar
All that is solid melts into air, and all that is holy is profaned
Tudo o que é sólido derrete no ar, e tudo o que é santo é profanado

man is at last compelled to face with sober senses, his real conditions of life

o homem é finalmente compelido a enfrentar com sentidos sóbrios, as suas reais condições de vida

and he is compelled to face his relations with his kind

e é obrigado a enfrentar as suas relações com a sua espécie

The Bourgeoisie constantly needs to expand its markets for its products

A burguesia precisa constantemente expandir seus mercados para seus produtos

and, because of this, the Bourgeoisie is chased over the whole surface of the globe

e, por isso, a burguesia é perseguida por toda a superfície do globo

The Bourgeoisie must nestle everywhere, settle everywhere, establish connections everywhere

A burguesia deve aninhar-se em todos os lugares, instalar-se em todos os lugares, estabelecer conexões em todos os lugares

The Bourgeoisie must create markets in every corner of the world to exploit

A burguesia deve criar mercados em todos os cantos do mundo para explorar

the production and consumption in every country has been given a cosmopolitan character

A produção e o consumo em todos os países receberam um carácter cosmopolita

the chagrin of Reactionists is palpable, but it has carried on regardless

o desgosto dos reacionários é palpável, mas manteve-se independentemente

The Bourgeoisie have drawn from under the feet of industry the national ground on which it stood

A burguesia tirou de debaixo dos pés da indústria o terreno nacional em que se encontrava

all old-established national industries have been destroyed, or are daily being destroyed

todas as antigas indústrias nacionais foram destruídas, ou estão a ser destruídas diariamente

all old-established national industries are dislodged by new industries

todas as antigas indústrias nacionais são desalojadas por novas indústrias

their introduction becomes a life and death question for all civilised nations

A sua introdução torna-se uma questão de vida ou morte para todas as nações civilizadas

they are dislodged by industries that no longer work up indigenous raw material

são desalojados por indústrias que já não produzem matéria-prima autóctone

instead, these industries pull raw materials from the remotest zones

Em vez disso, estas indústrias retiram matérias-primas das zonas mais remotas

industries whose products are consumed, not only at home, but in every quarter of the globe

indústrias cujos produtos são consumidos, não só em casa, mas em todos os quartos do globo

In place of the old wants, satisfied by the productions of the country, we find new wants

No lugar dos velhos desejos, satisfeitos pelas produções do país, encontramos novos desejos

these new wants require for their satisfaction the products of distant lands and climes

Estes novos desejos exigem para a sua satisfação os produtos de terras e climas distantes

In place of the old local and national seclusion and self-sufficiency, we have trade

No lugar da antiga reclusão e autossuficiência local e nacional, temos o comércio

international exchange in every direction; universal inter-dependence of nations

intercâmbio internacional em todas as direções; interdependência universal das nações
and just as we have dependency on materials, so we are dependent on intellectual production
E assim como dependemos dos materiais, também dependemos da produção intelectual
The intellectual creations of individual nations become common property
As criações intelectuais de nações individuais tornam-se propriedade comum
National one-sidedness and narrow-mindedness become more and more impossible
A unilateralidade e a estreiteza de espírito nacionais tornam-se cada vez mais impossíveis
and from the numerous national and local literatures, there arises a world literature
e das inúmeras literaturas nacionais e locais, surge uma literatura mundial
by the rapid improvement of all instruments of production
pelo rápido aperfeiçoamento de todos os instrumentos de produção
by the immensely facilitated means of communication
pelos meios de comunicação imensamente facilitados
The Bourgeoisie draws all (even the most barbarian nations) into civilisation
A burguesia atrai todas (mesmo as nações mais bárbaras) para a civilização
The cheap prices of its commodities; the heavy artillery that batters down all Chinese walls
Os preços baratos de suas commodities; a artilharia pesada que derruba todas as muralhas chinesas
the barbarians' intensely obstinate hatred of foreigners is forced to capitulate
O ódio intensamente obstinado dos bárbaros aos estrangeiros é forçado a capitular

It compels all nations, on pain of extinction, to adopt the Bourgeoisie mode of production

Obriga todas as nações, sob pena de extinção, a adotar o modo de produção burguês

it compels them to introduce what it calls civilisation into their midst

obriga-os a introduzir o que chama civilização no seu meio

The Bourgeoisie force the barbarians to become Bourgeoisie themselves

A burguesia força os bárbaros a tornarem-se eles próprios burgueses

in a word, the Bourgeoisie creates a world after its own image

numa palavra, a burguesia cria um mundo à sua própria imagem

The Bourgeoisie has subjected the countryside to the rule of the towns

A burguesia submeteu o campo ao domínio das cidades

It has created enormous cities and greatly increased the urban population

Criou cidades enormes e aumentou muito a população urbana

it rescued a considerable part of the population from the idiocy of rural life

resgatou uma parte considerável da população da idiotice da vida rural

but it has made those in the the countryside dependent on the towns

mas tornou os do campo dependentes das cidades

and likewise, it has made the barbarian countries dependent on the civilised ones

e, do mesmo modo, tornou os países bárbaros dependentes dos civilizados

nations of peasants on nations of Bourgeoisie, the East on the West

nações de camponeses sobre nações de burguesia, o Oriente sobre o Ocidente

The Bourgeoisie does away with the scattered state of the population more and more

A burguesia acaba com o estado disperso da população cada vez mais

It has agglomerated production, and has concentrated property in a few hands

Tem produção aglomerada, e tem propriedade concentrada em poucas mãos

The necessary consequence of this was political centralisation

A consequência necessária foi a centralização política

there had been independent nations and loosely connected provinces

havia nações independentes e províncias pouco conectadas

they had separate interests, laws, governments and systems of taxation

tinham interesses, leis, governos e sistemas fiscais distintos

but they have become lumped together into one nation, with one government

Mas eles se agruparam em uma nação, com um único governo

they now have one national class-interest, one frontier and one customs-tariff

têm agora um interesse de classe nacional, uma fronteira e uma pauta aduaneira

and this national class-interest is unified under one code of law

e este interesse de classe nacional é unificado sob um código de lei

the Bourgeoisie has achieved much during its rule of scarce one hundred years

a burguesia conseguiu muito durante o seu governo de escassos cem anos

more massive and colossal productive forces than have all preceding generations together

forças produtivas mais maciças e colossais do que todas as gerações anteriores juntas

Nature's forces are subjugated to the will of man and his machinery

As forças da natureza estão subjugadas à vontade do homem e da sua maquinaria

chemistry is applied to all forms of industry and types of agriculture

A química é aplicada a todas as formas de indústria e tipos de agricultura

steam-navigation, railways, electric telegraphs, and the printing press

navegação a vapor, ferrovias, telégrafos elétricos e imprensa

clearing of whole continents for cultivation, canalisation of rivers

limpeza de continentes inteiros para cultivo, canalização de rios

whole populations have been conjured out of the ground and put to work

populações inteiras foram retiradas do solo e postas a trabalhar

what earlier century had even a presentiment of what could be unleashed?

Que século anterior tinha sequer um pressentimento do que poderia ser desencadeado?

who predicted that such productive forces slumbered in the lap of social labour?

Quem previu que tais forças produtivas dormiam no colo do trabalho social?

we see then that the means of production and of exchange were generated in feudal society

Vemos então que os meios de produção e de troca foram gerados na sociedade feudal

the means of production on whose foundation the Bourgeoisie built itself up

os meios de produção sobre cujos alicerces a burguesia se construiu

At a certain stage in the development of these means of production and of exchange

Numa determinada fase do desenvolvimento destes meios de produção e de troca

the conditions under which feudal society produced and exchanged

as condições em que a sociedade feudal produzia e trocava

the feudal organisation of agriculture and manufacturing industry

a organização feudal da agricultura e da indústria transformadora

the feudal relations of property were no longer compatible with the material conditions

as relações feudais de propriedade já não eram compatíveis com as condições materiais

They had to be burst asunder, so they were burst asunder

Eles tinham que ser estourados, então eles foram estourados

Into their place stepped free competition from the productive forces

Em seu lugar entrou a livre concorrência das forças produtivas

and they were accompanied by a social and political constitution adapted to it

e foram acompanhadas por uma constituição social e política adaptada a ela

and it was accompanied by the economical and political sway of the Bourgeoisie class

e foi acompanhada pela influência econômica e política da classe burguesa

A similar movement is going on before our own eyes

Um movimento semelhante está acontecendo diante de nossos próprios olhos

Modern Bourgeoisie society with its relations of production, and of exchange, and of property

A sociedade burguesa moderna com suas relações de produção, de troca e de propriedade

a society that has conjured up such gigantic means of production and of exchange
uma sociedade que conjurou meios de produção e de troca tão gigantescos
it is like the sorcerer who called up the powers of the nether world
É como o feiticeiro que convocou os poderes do mundo Nether
but he is no longer able to control what he has brought into the world
Mas ele não é mais capaz de controlar o que trouxe ao mundo
For many a decade past history was tied together by a common thread
Durante muitas décadas, a história passada esteve ligada por um fio condutor
the history of industry and commerce has been but the history of revolts
A história da indústria e do comércio não passou da história das revoltas
the revolts of modern productive forces against modern conditions of production
as revoltas das forças produtivas modernas contra as modernas condições de produção
the revolts of modern productive forces against property relations
As revoltas das forças produtivas modernas contra as relações de propriedade
these property relations are the conditions for the existence of the Bourgeoisie
essas relações de propriedade são as condições para a existência da burguesia
and the existence of the Bourgeoisie determines the rules for property relations
e a existência da burguesia determina as regras das relações de propriedade

it is enough to mention the periodical return of commercial crises

Basta referir o regresso periódico das crises comerciais

each commercial crisis is more threatening to Bourgeoisie society than the last

cada crise comercial é mais ameaçadora para a sociedade burguesa do que a anterior

In these crises a great part of the existing products are destroyed

Nestas crises, uma grande parte dos produtos existentes é destruída

but these crises also destroy the previously created productive forces

Mas essas crises também destroem as forças produtivas previamente criadas

in all earlier epochs these epidemics would have seemed an absurdity

Em todas as épocas anteriores, estas epidemias teriam parecido um absurdo

because these epidemics are the commercial crises of over-production

porque estas epidemias são as crises comerciais da sobreprodução

Society suddenly finds itself put back into a state of momentary barbarism

A sociedade vê-se subitamente colocada de novo num estado de barbárie momentânea

as if a universal war of devastation had cut off every means of subsistence

como se uma guerra universal de devastação tivesse cortado todos os meios de subsistência

industry and commerce seem to have been destroyed; and why?

a indústria e o comércio parecem ter sido destruídos; e porquê?

Because there is too much civilisation and means of subsistence

Porque há demasiada civilização e meios de subsistência

and because there is too much industry, and too much commerce

e porque há demasiada indústria e demasiado comércio

The productive forces at the disposal of society no longer develop Bourgeoisie property

As forças produtivas à disposição da sociedade não desenvolvem mais a propriedade burguesa

on the contrary, they have become too powerful for these conditions, by which they are fettered

pelo contrário, tornaram-se demasiado poderosos para estas condições, pelas quais estão limitados

as soon as they overcome these fetters, they bring disorder into the whole of Bourgeoisie society

assim que superam esses grilhões, trazem desordem a toda a sociedade burguesa

and the productive forces endanger the existence of Bourgeoisie property

e as forças produtivas colocam em risco a existência da propriedade burguesa

The conditions of Bourgeoisie society are too narrow to comprise the wealth created by them

As condições da sociedade burguesa são demasiado estreitas para abarcar a riqueza por elas criada.

And how does the Bourgeoisie get over these crises?

E como a burguesia supera essas crises?

On the one hand, it overcomes these crises by the enforced destruction of a mass of productive forces

Por um lado, supera estas crises com a destruição forçada de uma massa de forças produtivas

on the other hand, it overcomes these crises by the conquest of new markets

Por outro lado, supera essas crises pela conquista de novos mercados

and it overcomes these crises by the more thorough exploitation of the old forces of production

e supera essas crises pela exploração mais profunda das velhas forças de produção

That is to say, by paving the way for more extensive and more destructive crises

Ou seja, abrindo caminho a crises mais extensas e mais destrutivas

it overcomes the crisis by diminishing the means whereby crises are prevented

supera a crise diminuindo os meios de prevenção das crises

The weapons with which the Bourgeoisie felled feudalism to the ground are now turned against itself

As armas com que a burguesia derrubou o feudalismo estão agora voltadas contra si mesma

But not only has the Bourgeoisie forged the weapons that bring death to itself

Mas não só a burguesia forjou as armas que trazem a morte para si mesma

it has also called into existence the men who are to wield those weapons

chamou também à existência os homens que devem empunhar essas armas

and these men are the modern working class; they are the proletarians

e esses homens são a classe trabalhadora moderna; são os proletários

In proportion as the Bourgeoisie is developed, in the same proportion is the Proletariat developed

Na mesma proporção em que a burguesia se desenvolve, na mesma proporção se desenvolve o proletariado

the modern working class developed a class of labourers

A classe operária moderna desenvolveu uma classe de trabalhadores

this class of labourers live only so long as they find work

Esta classe de trabalhadores vive apenas enquanto encontrar trabalho

and they find work only so long as their labour increases capital

e só encontram trabalho enquanto o seu trabalho aumenta o capital

These labourers, who must sell themselves piece-meal, are a commodity

Estes trabalhadores, que têm de se vender aos poucos, são uma mercadoria

these labourers are like every other article of commerce

estes trabalhadores são como qualquer outro artigo de comércio

and they are consequently exposed to all the vicissitudes of competition

e, consequentemente, estão expostos a todas as vicissitudes da concorrência

they have to weather all the fluctuations of the market

têm de resistir a todas as flutuações do mercado

Owing to the extensive use of machinery and to division of labour

Devido ao uso extensivo de máquinas e à divisão do trabalho

the work of the proletarians has lost all individual character

O trabalho dos proletários perdeu todo o caráter individual

and consequently, the work of the proletarians has lost all charm for the workman

e, consequentemente, o trabalho dos proletários perdeu todo o encanto para o operário

He becomes an appendage of the machine, rather than the man he once was

Ele se torna um apêndice da máquina, em vez do homem que ele já foi

only the most simple, monotonous, and most easily acquired knack is required of him

apenas lhe é exigido o talento mais simples, monótono e mais facilmente adquirido

Hence, the cost of production of a workman is restricted
Assim, o custo de produção de um operário é restrito
it is restricted almost entirely to the means of subsistence that he requires for his maintenance
restringe-se quase inteiramente aos meios de subsistência de que necessita para o seu sustento
and it is restricted to the means of subsistence that he requires for the propagation of his race
e restringe-se aos meios de subsistência de que necessita para a propagação da sua raça
But the price of a commodity, and therefore also of labour, is equal to its cost of production
Mas o preço de uma mercadoria e, portanto, também do trabalho, é igual ao seu custo de produção
In proportion, therefore, as the repulsiveness of the work increases, the wage decreases
Na proporção, portanto, à medida que a repulsividade do trabalho aumenta, o salário diminui
Nay, the repulsiveness of his work increases at an even greater rate
Não, a repulsividade do seu trabalho aumenta a um ritmo ainda maior
as the use of machinery and division of labour increases, so does the burden of toil
À medida que aumenta a utilização de maquinaria e a divisão do trabalho, aumenta também o peso da labuta
the burden of toil is increased by prolongation of the working hours
O peso da labuta é aumentado pelo prolongamento do horário de trabalho
more is expected of the labourer in the same time as before
espera-se mais do trabalhador no mesmo tempo que antes
and of course the burden of the toil is increased by the speed of the machinery
e, claro, a carga da labuta é aumentada pela velocidade do maquinário

Modern industry has converted the little workshop of the patriarchal master into the great factory of the industrial capitalist

A indústria moderna converteu a pequena oficina do mestre patriarcal na grande fábrica do capitalista industrial

Masses of labourers, crowded into the factory, are organised like soldiers

Massas de trabalhadores, amontoados na fábrica, organizam-se como soldados

As privates of the industrial army they are placed under the command of a perfect hierarchy of officers and sergeants

Como soldados do exército industrial, são colocados sob o comando de uma hierarquia perfeita de oficiais e sargentos

they are not only the slaves of the Bourgeoisie class and State

não são apenas escravos da classe burguesa e do Estado

but they are also daily and hourly enslaved by the machine

mas também são escravizados diária e horariamente pela máquina

they are enslaved by the over-looker, and, above all, by the individual Bourgeoisie manufacturer himself

são escravizados pelo vigiador e, sobretudo, pelo próprio fabricante individual da burguesia

The more openly this despotism proclaims gain to be its end and aim, the more petty, the more hateful and the more embittering it is

Quanto mais abertamente este despotismo proclama o ganho como sendo o seu fim e objetivo, mais mesquinho, mais odioso e mais amargo é

the more modern industry becomes developed, the lesser are the differences between the sexes

quanto mais moderna a indústria se desenvolve, menores são as diferenças entre os sexos

The less the skill and exertion of strength implied in manual labour, the more is the labour of men superseded by that of women

Quanto menor a habilidade e o esforço de força implicados no trabalho manual, mais o trabalho dos homens é substituído pelo das mulheres

Differences of age and sex no longer have any distinctive social validity for the working class

As diferenças de idade e sexo já não têm qualquer validade social distintiva para a classe trabalhadora

All are instruments of labour, more or less expensive to use, according to their age and sex

Todos são instrumentos de trabalho, mais ou menos dispendiosos de usar, consoante a sua idade e sexo

as soon as the labourer receives his wages in cash, than he is set upon by the other portions of the Bourgeoisie

assim que o trabalhador recebe seu salário em dinheiro, ele é imposto pelas outras parcelas da burguesia

the landlord, the shopkeeper, the pawnbroker, etc

o senhorio, o comerciante, o corretor de penhores, etc

The lower strata of the middle class; the small trades people and shopkeepers

Os estratos mais baixos da classe média; os pequenos comerciantes e lojistas

the retired tradesmen generally, and the handicraftsmen and peasants

os comerciantes reformados em geral, e os artesãos e camponeses

all these sink gradually into the Proletariat

tudo isso se afunda gradualmente no proletariado

partly because their diminutive capital does not suffice for the scale on which Modern Industry is carried on

em parte porque o seu capital diminuto não é suficiente para a escala em que a Indústria Moderna é levada a cabo

and because it is swamped in the competition with the large capitalists

e porque está inundada na concorrência com os grandes capitalistas

partly because their specialized skill is rendered worthless by the new methods of production

em parte porque a sua competência especializada se torna inútil devido aos novos métodos de produção

Thus the Proletariat is recruited from all classes of the population

Assim, o proletariado é recrutado de todas as classes da população

The Proletariat goes through various stages of development

O proletariado passa por vários estágios de desenvolvimento

With its birth begins its struggle with the Bourgeoisie

Com o seu nascimento começa a sua luta com a burguesia

At first the contest is carried on by individual labourers

Em primeiro lugar, o concurso é realizado por trabalhadores individuais

then the contest is carried on by the workpeople of a factory

em seguida, o concurso é realizado pelos trabalhadores de uma fábrica

then the contest is carried on by the operatives of one trade, in one locality

em seguida, o concurso é realizado pelos operadores de um comércio, em uma localidade

and the contest is then against the individual Bourgeoisie who directly exploits them

e a disputa é então contra a burguesia individual que os explora diretamente

They direct their attacks not against the Bourgeoisie conditions of production

Dirigem seus ataques não contra as condições de produção da burguesia

but they direct their attack against the instruments of production themselves

mas dirigem o seu ataque contra os próprios instrumentos de produção

they destroy imported wares that compete with their labour

destroem produtos importados que competem com a sua mão de obra

they smash to pieces machinery and they set factories ablaze

despedaçam maquinaria e incendeiam fábricas

they seek to restore by force the vanished status of the workman of the Middle Ages

procuram restaurar pela força o estatuto desaparecido do operário da Idade Média

At this stage the labourers still form an incoherent mass scattered over the whole country

Nesta fase, os trabalhadores ainda formam uma massa incoerente espalhada por todo o país

and they are broken up by their mutual competition

e são desmembrados pela concorrência mútua

If anywhere they unite to form more compact bodies, this is not yet the consequence of their own active union

Se em algum lugar eles se unem para formar corpos mais compactos, isso ainda não é consequência de sua própria união ativa

but it is a consequence of the union of the Bourgeoisie, to attain its own political ends

mas é uma consequência da união da burguesia, para atingir seus próprios fins políticos

the Bourgeoisie is compelled to set the whole Proletariat in motion

a burguesia é obrigada a pôr todo o proletariado em movimento

and moreover, for a time being, the Bourgeoisie is able to do so

e, além disso, por enquanto, a burguesia é capaz de fazê-lo

At this stage, therefore, the proletarians do not fight their enemies

Nesta fase, portanto, os proletários não lutam contra seus inimigos

but instead they are fighting the enemies of their enemies

mas, em vez disso, eles estão lutando contra os inimigos de seus inimigos

the fight the remnants of absolute monarchy and the landowners

a luta contra os remanescentes da monarquia absoluta e os latifundiários

they fight the non-industrial Bourgeoisie; the petty Bourgeoisie

combatem a burguesia não-industrial; a pequena burguesia

Thus the whole historical movement is concentrated in the hands of the Bourgeoisie

Assim, todo o movimento histórico está concentrado nas mãos da burguesia

every victory so obtained is a victory for the Bourgeoisie

cada vitória assim obtida é uma vitória da burguesia

But with the development of industry the Proletariat not only increases in number

Mas, com o desenvolvimento da indústria, o proletariado não só aumenta em número

the Proletariat becomes concentrated in greater masses and its strength grows

o proletariado concentra-se em massas maiores e a sua força cresce

and the Proletariat feels that strength more and more

e o proletariado sente cada vez mais essa força

The various interests and conditions of life within the ranks of the Proletariat are more and more equalised

Os vários interesses e condições de vida dentro das fileiras do proletariado são cada vez mais equalizados

they become more in proportion as machinery obliterates all distinctions of labour

tornam-se mais proporcionais à medida que a maquinaria oblitera todas as distinções de trabalho

and machinery nearly everywhere reduces wages to the same low level

e as máquinas em quase todo o lado reduzem os salários para
o mesmo nível baixo

**The growing competition among the Bourgeoisie, and the
resulting commercial crises, make the wages of the workers
ever more fluctuating**

A crescente concorrência entre a burguesia e as consequentes
crises comerciais tornam os salários dos trabalhadores cada
vez mais flutuantes

**The unceasing improvement of machinery, ever more
rapidly developing, makes their livelihood more and more
precarious**

O aperfeiçoamento incessante das máquinas, em
desenvolvimento cada vez mais rápido, torna a sua
subsistência cada vez mais precária

**the collisions between individual workmen and individual
Bourgeoisie take more and more the character of collisions
between two classes**

as colisões entre operários individuais e burguesias
individuais assumem cada vez mais o caráter de colisões entre
duas classes

**Thereupon the workers begin to form combinations (Trades
Unions) against the Bourgeoisie**

A partir daí, os trabalhadores começam a formar combinações
(Sindicatos) contra a burguesia

they club together in order to keep up the rate of wages

eles se unem para manter o ritmo dos salários

**they found permanent associations in order to make
provision beforehand for these occasional revolts**

fundaram associações permanentes para se preverem
previamente a estas revoltas ocasionais

Here and there the contest breaks out into riots

Aqui e ali a disputa irrompe em tumultos

Now and then the workers are victorious, but only for a time

De vez em quando os trabalhadores saem vitoriosos, mas só
por um tempo

The real fruit of their battles lies, not in the immediate result, but in the ever-expanding union of the workers

O verdadeiro fruto das suas batalhas reside, não no resultado imediato, mas na união dos trabalhadores em constante expansão

This union is helped on by the improved means of communication that are created by modern industry

Esta união é ajudada pelos meios de comunicação melhorados que são criados pela indústria moderna

modern communication places the workers of different localities in contact with one another

A comunicação moderna coloca os trabalhadores de diferentes localidades em contato uns com os outros

It was just this contact that was needed to centralise the numerous local struggles into one national struggle between classes

Era precisamente este contacto que era necessário para centralizar as numerosas lutas locais numa luta nacional entre classes

all of these struggles are of the same character, and every class struggle is a political struggle

Todas estas lutas têm o mesmo carácter, e cada luta de classes é uma luta política

the burghers of the Middle Ages, with their miserable highways, required centuries to form their unions

os burgueses da Idade Média, com suas estradas miseráveis, precisaram de séculos para formar suas uniões

the modern proletarians, thanks to railways, achieve their unions within a few years

Os proletários modernos, graças às ferrovias, alcançam suas uniões em poucos anos

This organisation of the proletarians into a class consequently formed them into a political party

Esta organização dos proletários em uma classe consequentemente os formou em um partido político

the political class is continually being upset again by the competition between the workers themselves

A classe política está continuamente a ser perturbada novamente pela concorrência entre os próprios trabalhadores

But the political class continues to rise up again, stronger, firmer, mightier

Mas a classe política continua a levantar-se, mais forte, mais firme, mais poderosa

It compels legislative recognition of particular interests of the workers

Obriga ao reconhecimento legislativo dos interesses particulares dos trabalhadores

it does this by taking advantage of the divisions among the Bourgeoisie itself

fá-lo aproveitando-se das divisões entre a própria burguesia

Thus the ten-hours' bill in England was put into law

Assim, a lei das dez horas em Inglaterra foi transformada em lei

in many ways the collisions between the classes of the old society further is the course of development of the Proletariat

em muitos aspetos, as colisões entre as classes da velha sociedade são ainda o curso do desenvolvimento do proletariado

The Bourgeoisie finds itself involved in a constant battle

A burguesia encontra-se envolvida numa batalha constante

At first it will find itself involved in a constant battle with the aristocracy

A princípio, ele se verá envolvido em uma batalha constante com a aristocracia

later on it will find itself involved in a constant battle with those portions of the Bourgeoisie itself

mais tarde, ver-se-á envolvido numa batalha constante com essas parcelas da própria burguesia

and their interests will have become antagonistic to the progress of industry

e os seus interesses ter-se-ão tornado antagónicos ao progresso da indústria

at all times, their interests will have become antagonistic with the Bourgeoisie of foreign countries

em todos os momentos, seus interesses terão se tornado antagônicos com a burguesia de países estrangeiros

In all these battles it sees itself compelled to appeal to the Proletariat, and asks for its help

Em todas estas batalhas vê-se compelido a apelar ao proletariado e pede a sua ajuda

and thus, it will feel compelled to drag it into the political arena

e, assim, sentir-se-á compelido a arrastá-lo para a arena política

The Bourgeoisie itself, therefore, supplies the Proletariat with its own instruments of political and general education

A própria burguesia, portanto, fornece ao proletariado seus próprios instrumentos de educação política e geral

in other words, it furnishes the Proletariat with weapons for fighting the Bourgeoisie

em outras palavras, fornece ao proletariado armas para combater a burguesia

Further, as we have already seen, entire sections of the ruling classes are precipitated into the Proletariat

Além disso, como já vimos, setores inteiros das classes dominantes são precipitados no proletariado

the advance of industry sucks them into the Proletariat

o avanço da indústria os suga para o proletariado

or, at least, they are threatened in their conditions of existence

ou, pelo menos, estão ameaçados nas suas condições de existência

These also supply the Proletariat with fresh elements of enlightenment and progress

Estes também fornecem ao proletariado novos elementos de esclarecimento e progresso

Finally, in times when the class struggle nears the decisive hour

Finalmente, nos tempos em que a luta de classes se aproxima da hora decisiva

the process of dissolution going on within the ruling class

o processo de dissolução em curso no seio da classe dominante

in fact, the dissolution going on within the ruling class will be felt within the whole range of society

De facto, a dissolução em curso no seio da classe dominante far-se-á sentir em toda a sociedade

it will take on such a violent, glaring character, that a small section of the ruling class cuts itself adrift

assumirá um carácter tão violento e flagrante que uma pequena parte da classe dominante se deixa à deriva

and that ruling class will join the revolutionary class

e que a classe dominante se juntará à classe revolucionária

the revolutionary class being the class that holds the future in its hands

sendo a classe revolucionária a classe que tem o futuro nas suas mãos

Just as at an earlier period, a section of the nobility went over to the Bourgeoisie

Tal como num período anterior, uma parte da nobreza passou para a burguesia

the same way a portion of the Bourgeoisie will go over to the Proletariat

da mesma forma que uma parcela da burguesia irá para o proletariado

in particular, a portion of the Bourgeoisie will go over to a portion of the Bourgeoisie ideologists

em particular, uma parcela da burguesia irá para uma parcela dos ideólogos da burguesia

Bourgeoisie ideologists who have raised themselves to the level of comprehending theoretically the historical movement as a whole

Ideólogos burgueses que se elevaram ao nível de compreender teoricamente o movimento histórico como um todo

Of all the classes that stand face to face with the Bourgeoisie today, the Proletariat alone is a really revolutionary class

De todas as classes que hoje estão frente a frente com a burguesia, só o proletariado é uma classe realmente revolucionária

The other classes decay and finally disappear in the face of Modern Industry

As outras classes decaem e finalmente desaparecem diante da Indústria Moderna

the Proletariat is its special and essential product

o proletariado é o seu produto especial e essencial

The lower middle class, the small manufacturer, the shopkeeper, the artisan, the peasant

A classe média baixa, o pequeno fabricante, o comerciante, o artesão, o camponês

all these fight against the Bourgeoisie

todos estes lutam contra a burguesia

they fight as fractions of the middle class to save themselves from extinction

lutam como frações da classe média para se salvarem da extinção

They are therefore not revolutionary, but conservative

Não são, portanto, revolucionários, mas conservadores

Nay more, they are reactionary, for they try to roll back the wheel of history

Mais ainda, são reacionários, pois tentam inverter a roda da história

If by chance they are revolutionary, they are so only in view of their impending transfer into the Proletariat

Se por acaso são revolucionários, só o são tendo em vista a sua iminente transferência para o proletariado

they thus defend not their present, but their future interests

defendem, assim, não o seu presente, mas os seus interesses futuros

they desert their own standpoint to place themselves at that of the Proletariat

abandonam o seu próprio ponto de vista para se colocarem no do proletariado

The "dangerous class," the social scum, that passively rotting mass thrown off by the lowest layers of old society

A "classe perigosa", a escória social, essa massa passivamente apodrecida expulsa pelas camadas mais baixas da velha sociedade

they may, here and there, be swept into the movement by a proletarian revolution

podem, aqui e ali, ser arrastados para o movimento por uma revolução proletária

its conditions of life, however, prepare it far more for the part of a bribed tool of reactionary intrigue

suas condições de vida, no entanto, preparam-no muito mais para o papel de um instrumento subornado de intriga reacionária

In the conditions of the Proletariat, those of old society at large are already virtually swamped

Nas condições do proletariado, as da velha sociedade em geral já estão praticamente inundadas

The proletarian is without property

O proletário está sem propriedade

his relation to his wife and children has no longer anything in common with the Bourgeoisie's family-relations

sua relação com a esposa e os filhos não tem mais nada em comum com as relações familiares da burguesia

modern industrial labour, modern subjection to capital, the same in England as in France, in America as in Germany

trabalho industrial moderno, sujeição moderna ao capital, o mesmo na Inglaterra como na França, na América como na Alemanha

his condition in society has stripped him of every trace of national character

a sua condição na sociedade despojou-o de todos os vestígios de carácter nacional

Law, morality, religion, are to him so many Bourgeoisie prejudices

O direito, a moral, a religião, são para ele tantos preconceitos burgueses

and behind these prejudices lurk in ambush just as many Bourgeoisie interests

e por detrás destes preconceitos escondem-se em emboscada tantos interesses burgueses

All the preceding classes that got the upper hand, sought to fortify their already acquired status

Todas as classes anteriores que obtiveram vantagem, procuraram fortalecer o seu estatuto já adquirido

they did this by subjecting society at large to their conditions of appropriation

Fizeram-no submetendo a sociedade em geral às suas condições de apropriação

The proletarians cannot become masters of the productive forces of society

Os proletários não podem tornar-se senhores das forças produtivas da sociedade

it can only do this by abolishing their own previous mode of appropriation

só o pode fazer abolindo o seu próprio modo anterior de apropriação

and thereby it also abolishes every other previous mode of appropriation

e, assim, também abole qualquer outro modo anterior de apropriação

They have nothing of their own to secure and to fortify

Eles não têm nada de próprio para garantir e fortificar

their mission is to destroy all previous securities for, and insurances of, individual property

A sua missão é destruir todos os títulos anteriores e seguros de propriedade individual

All previous historical movements were movements of minorities

Todos os movimentos históricos anteriores eram movimentos de minorias

or they were movements in the interests of minorities

ou eram movimentos no interesse das minorias

The proletarian movement is the self-conscious, independent movement of the immense majority

O movimento proletário é o movimento autoconsciente e independente da imensa maioria

and it is a movement in the interests of the immense majority

e é um movimento no interesse da imensa maioria

The Proletariat, the lowest stratum of our present society

O proletariado, o estrato mais baixo da nossa sociedade atual

it cannot stir or raise itself up without the whole superincumbent strata of official society being sprung into the air

não pode agitar-se ou erguer-se sem que todas as camadas superiores da sociedade oficial sejam lançadas no ar

Though not in substance, yet in form, the struggle of the Proletariat with the Bourgeoisie is at first a national struggle

Embora não em substância, mas em forma, a luta do proletariado com a burguesia é, a princípio, uma luta nacional

The Proletariat of each country must, of course, first of all settle matters with its own Bourgeoisie

O proletariado de cada país deve, naturalmente, em primeiro lugar, resolver as questões com a sua própria burguesia

In depicting the most general phases of the development of the Proletariat, we traced the more or less veiled civil war

Ao retratar as fases mais gerais do desenvolvimento do proletariado, traçamos a guerra civil mais ou menos velada

this civil is raging within existing society

Este civil está a grassar na sociedade existente

it will rage up to the point where that war breaks out into open revolution

Vai enfurecer até ao ponto em que essa guerra irrompe em revolução aberta

and then the violent overthrow of the Bourgeoisie lays the foundation for the sway of the Proletariat

e então a violenta derrubada da burguesia lança as bases para a influência do proletariado

Hitherto, every form of society has been based, as we have already seen, on the antagonism of oppressing and oppressed classes

Até agora, todas as formas de sociedade se baseavam, como já vimos, no antagonismo das classes opressoras e oprimidas

But in order to oppress a class, certain conditions must be assured to it

Mas, para oprimir uma classe, certas condições devem ser-lhe asseguradas

the class must be kept under conditions in which it can, at least, continue its slavish existence

a classe deve ser mantida em condições em que possa, pelo menos, continuar a sua existência servil

The serf, in the period of serfdom, raised himself to membership in the commune

O servo, no período da servidão, elevou-se a membro da comuna

just as the petty Bourgeoisie, under the yoke of feudal absolutism, managed to develop into a Bourgeoisie

assim como a pequena burguesia, sob o jugo do absolutismo feudal, conseguiu se transformar em uma burguesia

The modern labourer, on the contrary, instead of rising with the progress of industry, sinks deeper and deeper

O trabalhador moderno, pelo contrário, em vez de se elevar com o progresso da indústria, afunda-se cada vez mais

he sinks below the conditions of existence of his own class

afunda-se abaixo das condições de existência da sua própria classe

He becomes a pauper, and pauperism develops more rapidly than population and wealth

Ele se torna um indigente, e o pauperismo se desenvolve mais rapidamente do que a população e a riqueza

And here it becomes evident, that the Bourgeoisie is unfit any longer to be the ruling class in society

E aqui fica evidente que a burguesia não está mais apta a ser a classe dominante na sociedade

and it is unfit to impose its conditions of existence upon society as an over-riding law

e é inapta a impor à sociedade as suas condições de existência como lei imperativa

It is unfit to rule because it is incompetent to assure an existence to its slave within his slavery

É inapto para governar porque é incompetente para assegurar uma existência ao seu escravo dentro da sua escravidão

because it cannot help letting him sink into such a state, that it has to feed him, instead of being fed by him

porque não pode deixar que ele se afunde em tal estado, que tem que alimentá-lo, em vez de ser alimentado por ele

Society can no longer live under this Bourgeoisie

A sociedade não pode mais viver sob essa burguesia

in other words, its existence is no longer compatible with society

por outras palavras, a sua existência já não é compatível com a sociedade

The essential condition for the existence, and for the sway of the Bourgeoisie class, is the formation and augmentation of capital

A condição essencial para a existência, e para o domínio da classe burguesa, é a formação e o aumento do capital

the condition for capital is wage-labour

A condição para o capital é o trabalho assalariado

Wage-labour rests exclusively on competition between the labourers

O trabalho assalariado assenta exclusivamente na concorrência entre os trabalhadores

The advance of industry, whose involuntary promoter is the Bourgeoisie, replaces the isolation of the labourers

O avanço da indústria, cujo promotor involuntário é a burguesia, substitui o isolamento dos trabalhadores

due to competition, due to their revolutionary combination, due to association

devido à competição, devido à sua combinação revolucionária, devido à associação

The development of Modern Industry cuts from under its feet the very foundation on which the Bourgeoisie produces and appropriates products

O desenvolvimento da Indústria Moderna corta debaixo dos seus pés o próprio alicerce sobre o qual a burguesia produz e se apropria dos produtos

What the Bourgeoisie produces, above all, is its own grave-diggers

O que a burguesia produz, sobretudo, são os seus próprios coveiros

The fall of the Bourgeoisie and the victory of the Proletariat are equally inevitable

A queda da burguesia e a vitória do proletariado são igualmente inevitáveis

Proletarians and Communists
Proletários e comunistas

In what relation do the Communists stand to the proletarians as a whole?

Em que relação se situam os comunistas com o conjunto dos proletários?

The Communists do not form a separate party opposed to other working-class parties

Os comunistas não formam um partido separado oposto a outros partidos da classe trabalhadora

They have no interests separate and apart from those of the proletariat as a whole

Eles não têm interesses separados e separados dos do proletariado como um todo

They do not set up any sectarian principles of their own, by which to shape and mould the proletarian movement

Eles não estabelecem nenhum princípio sectário próprio, pelo qual moldar e moldar o movimento proletário

The Communists are distinguished from the other working-class parties by only two things

Os comunistas distinguem-se dos outros partidos operários por apenas duas coisas

Firstly, they point out and bring to the front the common interests of the entire proletariat, independently of all nationality

Em primeiro lugar, apontam e colocam à frente os interesses comuns de todo o proletariado, independentemente de qualquer nacionalidade

this they do in the national struggles of the proletarians of the different countries

Fazem-no nas lutas nacionais dos proletários dos diferentes países

Secondly, they always and everywhere represent the interests of the movement as a whole

Em segundo lugar, representam sempre e em toda a parte os interesses do movimento como um todo

this they do in the various stages of development, which the struggle of the working class against the Bourgeoisie has to pass through

isso eles fazem nas várias etapas de desenvolvimento, pelas quais a luta da classe operária contra a burguesia tem que passar

The Communists, therefore, are on the one hand, practically, the most advanced and resolute section of the working-class parties of every country

Os comunistas são, portanto, por um lado, praticamente, o sector mais avançado e decidido dos partidos operários de todos os países

they are that section of the working class which pushes forward all others

são o sector da classe operária que impulsiona todos os outros

theoretically, they also have the advantage of clearly understanding the line of march

Teoricamente, eles também têm a vantagem de entender claramente a linha de marcha

this they understand better compared the great mass of the proletariat

isso eles entendem melhor em comparação com a grande massa do proletariado

they understand the conditions, and the ultimate general results of the proletarian movement

compreendem as condições e os resultados gerais finais do movimento proletário

The immediate aim of the Communist is the same as that of all the other proletarian parties

O objetivo imediato do comunista é o mesmo de todos os outros partidos proletários

their aim is the formation of the proletariat into a class

seu objetivo é a formação do proletariado em uma classe

they aim to overthrow the Bourgeoisie supremacy

eles visam derrubar a supremacia burguesa

the strive for the conquest of political power by the proletariat

a luta pela conquista do poder político pelo proletariado

The theoretical conclusions of the Communists are in no way based on ideas or principles of reformers

As conclusões teóricas dos comunistas não se baseiam de forma alguma em ideias ou princípios dos reformadores

it wasn't would-be universal reformers that invented or discovered the theoretical conclusions of the Communists

não foram os pretensos reformadores universais que inventaram ou descobriram as conclusões teóricas dos comunistas

They merely express, in general terms, actual relations springing from an existing class struggle

Apenas expressam, em termos gerais, relações reais que brotam de uma luta de classes existente

and they describe the historical movement going on under our very eyes that have created this class struggle

e descrevem o movimento histórico em curso sob os nossos próprios olhos que criou esta luta de classes

The abolition of existing property relations is not at all a distinctive feature of Communism

A abolição das relações de propriedade existentes não é, de modo algum, uma característica distintiva do comunismo

All property relations in the past have continually been subject to historical change

Todas as relações de propriedade no passado foram continuamente sujeitas a mudanças históricas

and these changes were consequent upon the change in historical conditions

e essas mudanças foram conseqüentes à mudança nas condições históricas

The French Revolution, for example, abolished feudal property in favour of Bourgeoisie property

A Revolução Francesa, por exemplo, aboliu a propriedade feudal em favor da propriedade burguesa

The distinguishing feature of Communism is not the abolition of property, generally

A característica distintiva do comunismo não é a abolição da propriedade, em geral

but the distinguishing feature of Communism is the abolition of Bourgeoisie property

mas a característica distintiva do comunismo é a abolição da propriedade burguesa

But modern Bourgeoisie private property is the final and most complete expression of the system of producing and appropriating products

Mas a propriedade privada da burguesia moderna é a expressão final e mais completa do sistema de produção e apropriação de produtos

it is the final state of a system that is based on class antagonisms, where class antagonism is the exploitation of the many by the few

É o estado final de um sistema baseado em antagonismos de classe, onde o antagonismo de classe é a exploração de muitos por poucos

In this sense, the theory of the Communists may be summed up in the single sentence; the Abolition of private property

Neste sentido, a teoria dos comunistas pode ser resumida numa única frase; a abolição da propriedade privada

We Communists have been reproached with the desire of abolishing the right of personally acquiring property

Nós, comunistas, fomos censurados com o desejo de abolir o direito de aquisição pessoal da propriedade

it is claimed that this property is the fruit of a man's own labour

Alega-se que esta propriedade é fruto do próprio trabalho de um homem

and this property is alleged to be the groundwork of all personal freedom, activity and independence.

e alega-se que esta propriedade é a base de toda a liberdade, atividade e independência pessoais.

"Hard-won, self-acquired, self-earned property!"
"Propriedade arduamente conquistada, adquirida por si mesma!"

Do you mean the property of the petty artisan and of the small peasant?
Refere-se à propriedade do pequeno artesão e do pequeno camponês?

Do you mean a form of property that preceded the Bourgeoisie form?
Quer dizer uma forma de propriedade que precedeu a forma burguesa?

There is no need to abolish that, the development of industry has to a great extent already destroyed it
Não há necessidade de o abolir, o desenvolvimento da indústria já a destruiu, em grande medida

and development of industry is still destroying it daily
e o desenvolvimento da indústria continua a destruí-la diariamente

Or do you mean modern Bourgeoisie private property?
Ou quer dizer propriedade privada da burguesia moderna?

But does wage-labour create any property for the labourer?
Mas será que o trabalho assalariado cria alguma propriedade para o trabalhador?

no, wage labour creates not one bit of this kind of property!
Não, o trabalho assalariado não cria um bocadinho deste tipo de propriedade!

what wage labour does create is capital; that kind of property which exploits wage-labour
o que o trabalho assalariado cria é capital; esse tipo de propriedade que explora o trabalho assalariado

capital cannot increase except upon condition of begetting a new supply of wage-labour for fresh exploitation
O capital não pode aumentar a não ser sob a condição de gerar uma nova oferta de trabalho assalariado para nova exploração

Property, in its present form, is based on the antagonism of capital and wage-labour

A propriedade, na sua forma atual, baseia-se no antagonismo entre capital e trabalho assalariado

Let us examine both sides of this antagonism

Examinemos os dois lados deste antagonismo

To be a capitalist is to have not only a purely personal status

Ser capitalista é não ter apenas um estatuto puramente pessoal

instead, to be a capitalist is also to have a social status in production

ao invés, ser capitalista é também ter um estatuto social na produção

because capital is a collective product; only by the united action of many members can it be set in motion

porque o capital é um produto coletivo; Só através da ação unida de muitos membros é que pode ser posto em marcha

but this united action is a last resort, and actually requires all members of society

Mas esta ação unida é um último recurso e, na verdade, requer todos os membros da sociedade

Capital does get converted into the property of all members of society

O capital é convertido em propriedade de todos os membros da sociedade

but Capital is, therefore, not a personal power; it is a social power

mas o Capital não é, portanto, um poder pessoal; é um poder social

so when capital is converted into social property, personal property is not thereby transformed into social property

assim, quando o capital é convertido em propriedade social, a propriedade pessoal não é assim transformada em propriedade social

It is only the social character of the property that is changed, and loses its class-character

É apenas o caráter social da propriedade que é mudado, e perde seu caráter de classe

Let us now look at wage-labour

Vejamos agora o trabalho assalariado
The average price of wage-labour is the minimum wage, i.e., that quantum of the means of subsistence
O preço médio do trabalho assalariado é o salário mínimo, ou seja, o quantum dos meios de subsistência
this wage is absolutely requisite in bare existence as a labourer
Este salário é absolutamente necessário na existência nua e crua como trabalhador
What, therefore, the wage-labourer appropriates by means of his labour, merely suffices to prolong and reproduce a bare existence
O que, portanto, o trabalhador assalariado se apropria por meio de seu trabalho, basta apenas para prolongar e reproduzir uma existência nua
We by no means intend to abolish this personal appropriation of the products of labour
Não pretendemos, de modo algum, abolir esta apropriação pessoal dos produtos do trabalho
an appropriation that is made for the maintenance and reproduction of human life
uma apropriação feita para a manutenção e reprodução da vida humana
such personal appropriation of the products of labour leave no surplus wherewith to command the labour of others
tal apropriação pessoal dos produtos do trabalho não deixa excedentes para comandar o trabalho alheio
All that we want to do away with, is the miserable character of this appropriation
Tudo o que queremos acabar é com o carácter miserável desta apropriação
the appropriation under which the labourer lives merely to increase capital
a apropriação sob a qual o trabalhador vive apenas para aumentar o capital

he is allowed to live only in so far as the interest of the ruling class requires it
só lhe é permitido viver na medida em que o interesse da classe dominante o exija
In Bourgeoisie society, living labour is but a means to increase accumulated labour
Na sociedade burguesa, o trabalho vivo é apenas um meio de aumentar o trabalho acumulado
In Communist society, accumulated labour is but a means to widen, to enrich, to promote the existence of the labourer
Na sociedade comunista, o trabalho acumulado é apenas um meio para alargar, enriquecer, promover a existência do trabalhador
In Bourgeoisie society, therefore, the past dominates the present
Na sociedade burguesa, portanto, o passado domina o presente
in Communist society the present dominates the past
na sociedade comunista, o presente domina o passado
In Bourgeoisie society capital is independent and has individuality
Na sociedade burguesa, o capital é independente e tem individualidade
In Bourgeoisie society the living person is dependent and has no individuality
Na sociedade burguesa a pessoa viva é dependente e não tem individualidade
And the abolition of this state of things is called by the Bourgeoisie, abolition of individuality and freedom!
E a abolição desse estado de coisas é chamada pela burguesia, abolição da individualidade e da liberdade!
And it is rightly called the abolition of individuality and freedom!
E é justamente chamada de abolição da individualidade e da liberdade!

Communism aims for the abolition of Bourgeoisie individuality

O comunismo visa a abolição da individualidade burguesa

Communism intends for the abolition of Bourgeoisie independence

O comunismo pretende a abolição da independência da burguesia

Bourgeoisie freedom is undoubtedly what communism is aiming at

A liberdade da burguesia é, sem dúvida, o objetivo do comunismo

under the present Bourgeoisie conditions of production, freedom means free trade, free selling and buying

nas atuais condições burguesas de produção, liberdade significa livre comércio, livre venda e compra

But if selling and buying disappears, free selling and buying also disappears

Mas se a venda e a compra desaparecem, a venda e a compra livres também desaparecem.

"brave words" by the Bourgeoisie about free selling and buying only have meaning in a limited sense

"palavras corajosas" da burguesia sobre livre venda e compra só têm significado em um sentido limitado

these words have meaning only in contrast with restricted selling and buying

estas palavras só têm significado em contraste com a venda e compra restritas

and these words have meaning only when applied to the fettered traders of the Middle Ages

e estas palavras só têm significado quando aplicadas aos comerciantes presos da Idade Média

and that assumes these words even have meaning in a Bourgeoisie sense

e que pressupõe que estas palavras tenham mesmo significado num sentido burguês

but these words have no meaning when they're being used
to oppose the Communistic abolition of buying and selling
mas estas palavras não têm sentido quando estão a ser usadas
para se opor à abolição comunista da compra e venda
the words have no meaning when they're being used to
oppose the Bourgeoisie conditions of production being
abolished
as palavras não têm sentido quando estão sendo usadas para
se opor à abolição das condições de produção da burguesia
and they have no meaning when they're being used to
oppose the Bourgeoisie itself being abolished
e não têm sentido quando estão sendo usados para se opor à
abolição da própria burguesia
You are horrified at our intending to do away with private
property
Você está horrorizado com a nossa intenção de acabar com a
propriedade privada
But in your existing society, private property is already done
away with for nine-tenths of the population
Mas, na sociedade atual, a propriedade privada já está extinta
para nove décimos da população
the existence of private property for the few is solely due to
its non-existence in the hands of nine-tenths of the
population
A existência de propriedade privada para poucos deve-se
unicamente à sua inexistência nas mãos de nove décimos da
população
You reproach us, therefore, with intending to do away with a
form of property
Censura-nos, portanto, a intenção de acabar com uma forma
de propriedade
but private property necessitates the non-existence of any
property for the immense majority of society
mas a propriedade privada exige a inexistência de qualquer
propriedade para a imensa maioria da sociedade

In one word, you reproach us with intending to do away with your property

Numa palavra, censura-nos com a intenção de acabar com a sua propriedade

And it is precisely so; doing away with your Property is just what we intend

E é precisamente assim; acabar com o seu imóvel é exatamente o que pretendemos

From the moment when labour can no longer be converted into capital, money, or rent

A partir do momento em que o trabalho não pode mais ser convertido em capital, dinheiro ou aluguel

when labour can no longer be converted into a social power capable of being monopolised

quando o trabalho já não pode ser convertido num poder social suscetível de ser monopolizado

from the moment when individual property can no longer be transformed into Bourgeoisie property

a partir do momento em que a propriedade individual não pode mais ser transformada em propriedade burguesa

from the moment when individual property can no longer be transformed into capital

a partir do momento em que a propriedade individual deixa de poder ser transformada em capital

from that moment, you say individuality vanishes

A partir desse momento, você diz que a individualidade desaparece

You must, therefore, confess that by "individual" you mean no other person than the Bourgeoisie

Deveis, portanto, confessar que por "indivíduo" não se entende outra pessoa senão a burguesia

you must confess it specifically refers to the middle-class owner of property

Você deve confessar que se refere especificamente ao proprietário de classe média do imóvel

This person must, indeed, be swept out of the way, and made impossible

Esta pessoa deve, de facto, ser varrida do caminho e tornada impossível

Communism deprives no man of the power to appropriate the products of society

O comunismo não priva ninguém do poder de se apropriar dos produtos da sociedade

all that Communism does is to deprive him of the power to subjugate the labour of others by means of such appropriation

tudo o que o comunismo faz é privá-lo do poder de subjugar o trabalho dos outros por meio dessa apropriação

It has been objected that upon the abolition of private property all work will cease

Tem-se objetado que, com a abolição da propriedade privada, todo o trabalho cessará

and it is then suggested that universal laziness will overtake us

e sugere-se então que a preguiça universal nos ultrapassará

According to this, Bourgeoisie society ought long ago to have gone to the dogs through sheer idleness

De acordo com isso, a sociedade burguesa há muito tempo deveria ter ido para os cães por pura ociosidade

because those of its members who work, acquire nothing

porque os seus membros que trabalham, nada adquirem

and those of its members who acquire anything, do not work

e os de seus membros que adquirem alguma coisa, não trabalham

The whole of this objection is but another expression of the tautology

Toda esta objeção é apenas mais uma expressão da tautologia

there can no longer be any wage-labour when there is no longer any capital

Não pode continuar a haver trabalho assalariado quando já não há capital

there is no difference between material products and mental products

Não há diferença entre produtos materiais e produtos mentais

communism proposes both of these are produced in the same way

O comunismo propõe que ambos sejam produzidos da mesma maneira

but the objections against the Communistic modes of producing these are the same

mas as objeções contra os modos comunistas de os produzir são as mesmas

to the Bourgeoisie the disappearance of class property is the disappearance of production itself

para a burguesia, o desaparecimento da propriedade de classe é o desaparecimento da própria produção

so the disappearance of class culture is to him identical with the disappearance of all culture

Assim, o desaparecimento da cultura de classe é, para ele, idêntico ao desaparecimento de toda a cultura

That culture, the loss of which he laments, is for the enormous majority a mere training to act as a machine

Essa cultura, cuja perda lamenta, é para a grande maioria uma mera formação para agir como uma máquina

Communists very much intend to abolish the culture of Bourgeoisie property

Os comunistas pretendem muito abolir a cultura da propriedade burguesa

But don't wrangle with us so long as you apply the standard of your Bourgeoisie notions of freedom, culture, law, etc

Mas não briguem connosco desde que apliquem o padrão das suas noções burguesas de liberdade, cultura, direito, etc

Your very ideas are but the outgrowth of the conditions of your Bourgeoisie production and Bourgeoisie property

As vossas próprias ideias não são senão o resultado das condições da vossa produção burguesa e da propriedade burguesa

just as your jurisprudence is but the will of your class made into a law for all

assim como a sua jurisprudência não é senão a vontade da sua classe transformada em lei para todos

the essential character and direction of this will are determined by the economical conditions your social class create

O caráter essencial e a direção dessa vontade são determinados pelas condições econômicas que sua classe social cria

The selfish misconception that induces you to transform social forms into eternal laws of nature and of reason

O equívoco egoísta que vos induz a transformar as formas sociais em leis eternas da natureza e da razão

the social forms springing from your present mode of production and form of property

as formas sociais que brotam do vosso atual modo de produção e forma de propriedade

historical relations that rise and disappear in the progress of production

relações históricas que sobem e desaparecem no progresso da produção

this misconception you share with every ruling class that has preceded you

Este equívoco que partilhais com todas as classes dominantes que vos precederam

What you see clearly in the case of ancient property, what you admit in the case of feudal property

O que se vê claramente no caso da propriedade antiga, o que se admite no caso da propriedade feudal

these things you are of course forbidden to admit in the case of your own Bourgeoisie form of property

essas coisas você é, naturalmente, proibido de admitir no caso de sua própria forma burguesa de propriedade

Abolition of the family! Even the most radical flare up at this infamous proposal of the Communists

Abolição da família! Até os mais radicais se inflamam com esta infame proposta dos comunistas

On what foundation is the present family, the Bourgeoisie family, based?

Em que fundamento se baseia a família atual, a família burguesa?

the foundation of the present family is based on capital and private gain

A fundação da família atual baseia-se no capital e no ganho privado

In its completely developed form this family exists only among the Bourgeoisie

Na sua forma completamente desenvolvida, esta família só existe entre a burguesia

this state of things finds its complement in the practical absence of the family among the proletarians

Este estado de coisas encontra o seu complemento na ausência prática da família entre os proletários

this state of things can be found in public prostitution

Este estado de coisas pode ser encontrado na prostituição pública

The Bourgeoisie family will vanish as a matter of course when its complement vanishes

A família burguesa desaparecerá naturalmente quando o seu complemento desaparecer

and both of these will will vanish with the vanishing of capital

e ambos desaparecerão com o desaparecimento do capital

Do you charge us with wanting to stop the exploitation of children by their parents?

Acusam-nos de querer acabar com a exploração das crianças pelos seus pais?

To this crime we plead guilty

A este crime declaramo-nos culpados

But, you will say, we destroy the most hallowed of relations, when we replace home education by social education

Mas, dirão, destruímos a mais santificada das relações, quando substituímos a educação doméstica pela educação social

is your education not also social? And is it not determined by the social conditions under which you educate?

A sua educação não é também social? E não é determinado pelas condições sociais em que se educa?

by the intervention, direct or indirect, of society, by means of schools, etc.

pela intervenção, direta ou indireta, da sociedade, através das escolas, etc.

The Communists have not invented the intervention of society in education

Os comunistas não inventaram a intervenção da sociedade na educação

they do but seek to alter the character of that intervention

não fazem senão procurar alterar o carácter dessa intervenção

and they seek to rescue education from the influence of the ruling class

e procuram resgatar a educação da influência da classe dominante

The Bourgeoisie talk of the hallowed co-relation of parent and child

A burguesia fala da santificada corelação entre pais e filhos

but this clap-trap about the family and education becomes all the more disgusting when we look at Modern Industry

mas esta armadilha sobre a família e a educação torna-se ainda mais repugnante quando olhamos para a Indústria Moderna

all family ties among the proletarians are torn asunder by modern industry

Todos os laços familiares entre os proletários são dilacerados pela indústria moderna

their children are transformed into simple articles of commerce and instruments of labour

os seus filhos transformam-se em simples artigos de comércio e instrumentos de trabalho

**But you Communists would create a community of women,
screams the whole Bourgeoisie in chorus**

Mas vocês, comunistas, criariam uma comunidade de
mulheres, grita toda a burguesia em coro

**The Bourgeoisie sees in his wife a mere instrument of
production**

A burguesia vê em sua esposa um mero instrumento de
produção

**He hears that the instruments of production are to be
exploited by all**

Ele ouve que os instrumentos de produção devem ser
explorados por todos

**and, naturally, he can come to no other conclusion than that
the lot of being common to all will likewise fall to women**

e, naturalmente, ele não pode chegar a outra conclusão senão a
de que a sorte de ser comum a todos também recairá sobre as
mulheres

**He has not even a suspicion that the real point is to do away
with the status of women as mere instruments of production**

Nem sequer suspeita que o verdadeiro objetivo seja acabar
com o estatuto da mulher como mero instrumento de
produção

**For the rest, nothing is more ridiculous than the virtuous
indignation of our Bourgeoisie at the community of women**

De resto, nada é mais ridículo do que a indignação virtuosa da
nossa burguesia contra a comunidade das mulheres

**they pretend it is to be openly and officially established by
the Communists**

fingem que deve ser aberta e oficialmente estabelecida pelos
comunistas

**The Communists have no need to introduce community of
women, it has existed almost from time immemorial**

Os comunistas não têm necessidade de introduzir uma
comunidade de mulheres, ela existe quase desde tempos
imemoriais

Our Bourgeoisie are not content with having the wives and daughters of their proletarians at their disposal

Nossa burguesia não se contenta em ter à disposição as esposas e filhas de seus proletários

they take the greatest pleasure in seducing each other's wives

eles têm o maior prazer em seduzir as esposas um do outro

and that is not even to speak of common prostitutes

e isso nem sequer é falar de prostitutas comuns

Bourgeoisie marriage is in reality a system of wives in common

O casamento burguês é, na realidade, um sistema de esposas em comum

then there is one thing that the Communists might possibly be reproached with

depois, há uma coisa com que os comunistas podem ser censurados

they desire to introduce an openly legalised community of women

desejam introduzir uma comunidade de mulheres abertamente legalizada

rather than a hypocritically concealed community of women

em vez de uma comunidade hipocritamente oculta de mulheres

the community of women springing from the system of production

a comunidade de mulheres que brota do sistema de produção

abolish the system of production, and you abolish the community of women

abolir o sistema de produção e abolir a comunidade de mulheres

both public prostitution is abolished, and private prostitution

abolida tanto a prostituição pública como a prostituição privada

The Communists are further more reproached with desiring to abolish countries and nationality

Os comunistas são ainda mais censurados por desejarem abolir os países e a nacionalidade

The working men have no country, so we cannot take from them what they have not got

Os trabalhadores não têm país, por isso não podemos tirar-lhes o que não têm

the proletariat must first of all acquire political supremacy

O proletariado deve, antes de tudo, adquirir a supremacia política

the proletariat must rise to be the leading class of the nation

O proletariado deve ascender para ser a classe dirigente da nação

the proletariat must constitute itself the nation

o proletariado deve constituir-se a si mesmo a nação

it is, so far, itself national, though not in the Bourgeoisie sense of the word

é, até agora, ela própria nacional, embora não no sentido burguês da palavra

National differences and antagonisms between peoples are daily more and more vanishing

As diferenças e antagonismos nacionais entre os povos estão cada vez mais desaparecidos

owing to the development of the Bourgeoisie, to freedom of commerce, to the world-market

devido ao desenvolvimento da burguesia, à liberdade de comércio, ao mercado mundial

to uniformity in the mode of production and in the conditions of life corresponding thereto

à uniformidade do modo de produção e das condições de vida correspondentes;

The supremacy of the proletariat will cause them to vanish still faster

A supremacia do proletariado fará com que desapareçam ainda mais depressa

United action, of the leading civilised countries at least, is one of the first conditions for the emancipation of the proletariat

A ação unida, pelo menos dos principais países civilizados, é uma das primeiras condições para a emancipação do proletariado

In proportion as the exploitation of one individual by another is put an end to, the exploitation of one nation by another will also be put an end to

Da mesma forma que se põe fim à exploração de um indivíduo por outro, a exploração de uma nação por outra também será posta fim

In proportion as the antagonism between classes within the nation vanishes, the hostility of one nation to another will come to an end

À medida que o antagonismo entre as classes dentro da nação desaparece, a hostilidade de uma nação para com outra chegará ao fim

The charges against Communism made from a religious, a philosophical, and, generally, from an ideological standpoint, are not deserving of serious examination

As acusações contra o comunismo feitas de um ponto de vista religioso, filosófico e, em geral, ideológico, não merecem um exame sério

Does it require deep intuition to comprehend that man's ideas, views and conceptions changes with every change in the conditions of his material existence?

É necessária uma intuição profunda para compreender que as ideias, visões e conceções do homem mudam a cada mudança nas condições de sua existência material?

is it not obvious that man's consciousness changes when his social relations and his social life changes?

Não é óbvio que a consciência do homem muda quando as suas relações sociais e a sua vida social mudam?

What else does the history of ideas prove, than that intellectual production changes its character in proportion as material production is changed?

O que mais a história das ideias prova, senão que a produção intelectual muda de caráter na proporção em que a produção material é alterada?

The ruling ideas of each age have ever been the ideas of its ruling class

As ideias dominantes de cada época sempre foram as ideias da sua classe dominante

When people speak of ideas that revolutionise society, they do but express one fact

Quando as pessoas falam de ideias que revolucionam a sociedade, não passam de um facto

within the old society, the elements of a new one have been created

Dentro da sociedade antiga, os elementos de uma nova sociedade foram criados

and that the dissolution of the old ideas keeps even pace with the dissolution of the old conditions of existence

e que a dissolução das velhas ideias acompanha a dissolução das antigas condições de existência

When the ancient world was in its last throes, the ancient religions were overcome by Christianity

Quando o mundo antigo estava em seus últimos estertores, as religiões antigas foram superadas pelo cristianismo

When Christian ideas succumbed in the 18th century to rationalist ideas, feudal society fought its death battle with the then revolutionary Bourgeoisie

Quando as ideias cristãs sucumbiram no século 18 às ideias racionalistas, a sociedade feudal travou sua batalha de morte com a burguesia então revolucionária

The ideas of religious liberty and freedom of conscience merely gave expression to the sway of free competition within the domain of knowledge

As ideias de liberdade religiosa e de liberdade de consciência apenas deram expressão à influência da livre concorrência no domínio do conhecimento

"Undoubtedly," it will be said, "religious, moral, philosophical and juridical ideas have been modified in the course of historical development"

"Sem dúvida", dir-se-á, "as ideias religiosas, morais, filosóficas e jurídicas foram modificadas ao longo do desenvolvimento histórico"

"But religion, morality philosophy, political science, and law, constantly survived this change"

"Mas a religião, a moral, a filosofia, a ciência política e o direito, sobreviveram constantemente a esta mudança"

"There are also eternal truths, such as Freedom, Justice, etc"

"Há também verdades eternas, como a Liberdade, a Justiça, etc."

"these eternal truths are common to all states of society"

"Estas verdades eternas são comuns a todos os estados da sociedade"

"But Communism abolishes eternal truths, it abolishes all religion, and all morality"

"Mas o comunismo abole as verdades eternas, abole toda a religião e toda a moralidade"

"it does this instead of constituting them on a new basis"

"fá-lo em vez de os constituir numa nova base"

"it therefore acts in contradiction to all past historical experience"

"atua, portanto, em contradição com toda a experiência histórica passada"

What does this accusation reduce itself to?

A que se reduz esta acusação?

The history of all past society has consisted in the development of class antagonisms

A história de toda a sociedade passada consistiu no desenvolvimento de antagonismos de classe

antagonisms that assumed different forms at different epochs

antagonismos que assumiram diferentes formas em diferentes épocas

But whatever form they may have taken, one fact is common to all past ages

Mas, seja qual for a forma que tenham assumido, um facto é comum a todas as épocas passadas

the exploitation of one part of society by the other

a exploração de uma parte da sociedade pela outra

No wonder, then, that the social consciousness of past ages moves within certain common forms, or general ideas

Não admira, portanto, que a consciência social de eras passadas se mova dentro de certas formas comuns, ou ideias gerais

(and that is despite all the multiplicity and variety it displays)

(e isto apesar de toda a multiplicidade e variedade que apresenta)

and these cannot completely vanish except with the total disappearance of class antagonisms

e estes não podem desaparecer completamente a não ser com o desaparecimento total dos antagonismos de classe

The Communist revolution is the most radical rupture with traditional property relations

A revolução comunista é a rutura mais radical com as relações tradicionais de propriedade

no wonder that its development involves the most radical rupture with traditional ideas

Não admira que o seu desenvolvimento implique a rutura mais radical com as ideias tradicionais

But let us have done with the Bourgeoisie objections to Communism

Mas façamos com as objeções da burguesia ao comunismo

We have seen above the first step in the revolution by the working class

Vimos acima o primeiro passo da revolução pela classe operária

proletariat has to be raised to the position of ruling, to win the battle of democracy

O proletariado tem de ser elevado à posição de governar, para vencer a batalha da democracia

The proletariat will use its political supremacy to wrest, by degrees, all capital from the Bourgeoisie

O proletariado usará sua supremacia política para arrancar, aos poucos, todo o capital da burguesia

it will centralise all instruments of production in the hands of the State

centralizará todos os instrumentos de produção nas mãos do Estado

in other words, the proletariat organised as the ruling class

Em outras palavras, o proletariado organizado como classe dominante

and it will increase the total of productive forces as rapidly as possible

e aumentará o total de forças produtivas o mais rapidamente possível

Of course, in the beginning, this cannot be effected except by means of despotic inroads on the rights of property

É claro que, no início, isso não pode ser feito a não ser por meio de incursões despóticas nos direitos de propriedade

and it has to be achieved on the conditions of Bourgeoisie production

e tem de ser alcançado nas condições de produção da burguesia

it is achieved by means of measures, therefore, which appear economically insufficient and untenable

consegue-se, portanto, através de medidas que se afiguram economicamente insuficientes e insustentáveis

but these means, in the course of the movement, outstrip themselves

mas estes meios, no decorrer do movimento, superam-se a si mesmos

they necessitate further inroads upon the old social order

necessitam de novas incursões na velha ordem social

and they are unavoidable as a means of entirely revolutionising the mode of production

e são inevitáveis como meio de revolucionar inteiramente o modo de produção

These measures will of course be different in different countries

Estas medidas serão, naturalmente, diferentes nos diferentes países

Nevertheless in the most advanced countries, the following will be pretty generally applicable

No entanto, nos países mais avançados, o seguinte será bastante aplicável

1. Abolition of property in land and application of all rents of land to public purposes.

1. Abolição da propriedade fundiária e aplicação de todas as rendas da terra a fins públicos.

2. A heavy progressive or graduated income tax.

2. Um imposto de renda progressivo ou escalonado pesado.

3. Abolition of all right of inheritance.

3. Abolição de todo o direito sucessório.

4. Confiscation of the property of all emigrants and rebels.

4. Confisco dos bens de todos os emigrantes e rebeldes.

5. Centralisation of credit in the hands of the State, by means of a national bank with State capital and an exclusive monopoly.

5. Centralização do crédito nas mãos do Estado, através de um banco nacional com capital estatal e monopólio exclusivo.

6. Centralisation of the means of communication and transport in the hands of the State.

6. Centralização dos meios de comunicação e transporte nas mãos do Estado.

7. Extension of factories and instruments of production owned by the State
7. Ampliação de fábricas e instrumentos de produção de propriedade do Estado
the bringing into cultivation of waste-lands, and the improvement of the soil generally in accordance with a common plan.
a introdução no cultivo de terrenos baldios e a melhoria dos solos em geral, de acordo com um plano comum.
8. Equal liability of all to labour
8. Responsabilidade igual de todos para com o trabalho
Establishment of industrial armies, especially for agriculture.
Criação de exércitos industriais, especialmente para a agricultura.
9. Combination of agriculture with manufacturing industries
9. Combinação da agricultura com as indústrias transformadoras
gradual abolition of the distinction between town and country, by a more equable distribution of the population over the country.
abolição gradual da distinção entre cidade e campo, através de uma distribuição mais equitativa da população pelo país.
10. Free education for all children in public schools.
10. Educação gratuita para todas as crianças das escolas públicas.
Abolition of children's factory labour in its present form
Abolição do trabalho infantil nas fábricas na sua forma atual
Combination of education with industrial production
Combinação da educação com a produção industrial
When, in the course of development, class distinctions have disappeared
Quando, no decurso do desenvolvimento, as distinções de classe desapareceram
and when all production has been concentrated in the hands of a vast association of the whole nation

e quando toda a produção se concentrou nas mãos de uma vasta associação de toda a nação

then the public power will lose its political character

então o poder público perderá seu caráter político

Political power, properly so called, is merely the organised power of one class for oppressing another

O poder político, propriamente dito, é apenas o poder organizado de uma classe para oprimir outra

If the proletariat during its contest with the Bourgeoisie is compelled, by the force of circumstances, to organise itself as a class

Se o proletariado durante a sua disputa com a burguesia é obrigado, por força das circunstâncias, a organizar-se como classe

if, by means of a revolution, it makes itself the ruling class

se, por meio de uma revolução, se faz classe dominante

and, as such, it sweeps away by force the old conditions of production

e, como tal, varre à força as velhas condições de produção

then it will, along with these conditions, have swept away the conditions for the existence of class antagonisms and of classes generally

então, juntamente com essas condições, terá varrido as condições para a existência de antagonismos de classe e de classes em geral

and will thereby have abolished its own supremacy as a class.

e terá, assim, abolido a sua própria supremacia como classe.

In place of the old Bourgeoisie society, with its classes and class antagonisms, we shall have an association

No lugar da velha sociedade burguesa, com suas classes e antagonismos de classe, teremos uma associação

an association in which the free development of each is the condition for the free development of all

uma associação em que o livre desenvolvimento de cada um é a condição para o livre desenvolvimento de todos

Reactionaary Socialism
Socialismo reacionário

a) Feudal Socialism
a) Socialismo feudal

the aristocracies of France and England had a unique historical position
as aristocracias da França e da Inglaterra tinham uma posição histórica única
it became their vocation to write pamphlets against modern Bourgeoisie society
tornou-se sua vocação escrever panfletos contra a sociedade burguesa moderna
In the French revolution of July 1830, and in the English reform agitation
Na Revolução Francesa de julho de 1830, e na agitação reformista inglesa
these aristocracies again succumbed to the hateful upstart
estas aristocracias sucumbiram novamente ao arrivista odioso
Thenceforth, a serious political contest was altogether out of the question
A partir daí, uma disputa política séria estava completamente fora de cogitação
All that remained possible was literary battle, not an actual battle
Tudo o que restava possível era uma batalha literária, não uma batalha real
But even in the domain of literature the old cries of the restoration period had become impossible
Mas mesmo no domínio da literatura os velhos gritos do período da restauração tornaram-se impossíveis
In order to arouse sympathy, the aristocracy were obliged to lose sight, apparently, of their own interests
Para despertar simpatia, a aristocracia foi obrigada a perder de vista, aparentemente, os seus próprios interesses

and they were obliged to formulate their indictment against the Bourgeoisie in the interest of the exploited working class

e foram obrigados a formular sua acusação contra a burguesia no interesse da classe trabalhadora explorada

Thus the aristocracy took their revenge by singing lampoons on their new master

Assim, a aristocracia vingou-se cantando lampiões ao seu novo mestre

and they took their revenge by whispering in his ears sinister prophecies of coming catastrophe

e vingaram-se sussurrando em seus ouvidos profecias sinistras da catástrofe vindoura

In this way arose Feudal Socialism: half lamentation, half lampoon

Assim surgiu o socialismo feudal: metade lamentação, metade lampião

it rung as half echo of the past, and projected half menace of the future

cantava como meio eco do passado e projetava metade ameaça do futuro

at times, by its bitter, witty and incisive criticism, it struck the Bourgeoisie to the very heart's core

por vezes, com a sua crítica amarga, espirituosa e incisiva, atingiu a burguesia até ao âmago

but it was always ludicrous in its effect, through total incapacity to comprehend the march of modern history

mas foi sempre ridículo no seu efeito, por total incapacidade de compreender a marcha da história moderna

The aristocracy, in order to rally the people to them, waved the proletarian alms-bag in front for a banner

A aristocracia, a fim de reunir o povo, agitou o saco de esmolas proletárias em frente para uma bandeira

But the people, so often as it joined them, saw on their hindquarters the old feudal coats of arms

Mas o povo, tantas vezes que se juntou a eles, viu em seus traseiros os velhos brasões feudais

and they deserted with loud and irreverent laughter
e desertaram com gargalhadas altas e irreverentes
One section of the French Legitimists and "Young England"
exhibited this spectacle
Uma seção dos legitimistas franceses e da "Young England"
exibiu esse espetáculo
the feudalists pointed out that their mode of exploitation
was different to that of the Bourgeoisie
os feudalistas apontavam que seu modo de exploração era
diferente do da burguesia
the feudalists forget that they exploited under circumstances
and conditions that were quite different
os feudalistas esquecem-se de que exploravam em
circunstâncias e condições bem diferentes
and they didn't notice such methods of exploitation are now
antiquated
e eles não notaram que tais métodos de exploração são agora
antiquados
they showed that, under their rule, the modern proletariat
never existed
Eles mostraram que, sob seu governo, o proletariado moderno
nunca existiu
but they forget that the modern Bourgeoisie is the necessary
offspring of their own form of society
mas esquecem que a burguesia moderna é a descendência
necessária de sua própria forma de sociedade
For the rest, they hardly conceal the reactionary character of
their criticism
De resto, dificilmente escondem o carácter reacionário das
suas críticas
their chief accusation against the Bourgeoisie amounts to the
following
sua principal acusação contra a burguesia é a seguinte:
under the Bourgeoisie regime a social class is being
developed
sob o regime da burguesia desenvolve-se uma classe social

this social class is destined to cut up root and branch the old order of society

Esta classe social está destinada a criar raízes e ramificar a velha ordem da sociedade

What they upbraid the Bourgeoisie with is not so much that it creates a proletariat

O que eles atrapalham a burguesia não é tanto que ela crie um proletariado

what they upbraid the Bourgeoisie with is moreso that it creates a revolutionary proletariat

o que eles atrapalham a burguesia é mais ainda que ela cria um proletariado revolucionário

In political practice, therefore, they join in all coercive measures against the working class

Na prática política, portanto, eles se juntam a todas as medidas coercitivas contra a classe trabalhadora

and in ordinary life, despite their highfalutin phrases, they stoop to pick up the golden apples dropped from the tree of industry

e na vida comum, apesar de suas frases altas, eles se inclinam para pegar as maçãs douradas caídas da árvore da indústria

and they barter truth, love, and honour for commerce in wool, beetroot-sugar, and potato spirits

e trocam a verdade, o amor e a honra pelo comércio de lã, açúcar de beterraba e bebidas espirituosas de batata

As the parson has ever gone hand in hand with the landlord, so has Clerical Socialism with Feudal Socialism

Assim como o parson sempre andou de mãos dadas com o latifundiário, o mesmo aconteceu com o socialismo clerical com o socialismo feudal

Nothing is easier than to give Christian asceticism a Socialist tinge

Nada é mais fácil do que dar ao ascetismo cristão um tom socialista

Has not Christianity declaimed against private property, against marriage, against the State?

O cristianismo não declamou contra a propriedade privada, contra o casamento, contra o Estado?

Has Christianity not preached in the place of these, charity and poverty?

O cristianismo não pregou no lugar destes, a caridade e a pobreza?

Does Christianity not preach celibacy and mortification of the flesh, monastic life and Mother Church?

O cristianismo não prega o celibato e a mortificação da carne, a vida monástica e a Igreja Mãe?

Christian Socialism is but the holy water with which the priest consecrates the heart-burnings of the aristocrat

O socialismo cristão é apenas a água benta com que o sacerdote consagra as azias do aristocrata

b) Petty-Bourgeois Socialism
b) Socialismo pequeno-burguês
The feudal aristocracy was not the only class that was ruined by the Bourgeoisie
A aristocracia feudal não foi a única classe arruinada pela burguesia
it was not the only class whose conditions of existence pined and perished in the atmosphere of modern Bourgeoisie society
não foi a única classe cujas condições de existência se fixaram e pereceram na atmosfera da sociedade burguesa moderna
The medieval burgesses and the small peasant proprietors were the precursors of the modern Bourgeoisie
Os burgueses medievais e os pequenos proprietários camponeses foram os precursores da burguesia moderna
In those countries which are but little developed, industrially and commercially, these two classes still vegetate side by side
Nos países pouco desenvolvidos, industrial e comercialmente, estas duas classes ainda vegetam lado a lado
and in the meantime the Bourgeoisie rise up next to them: industrially, commercially, and politically
e, entretanto, a burguesia ergue-se ao seu lado: industrial, comercial e politicamente
In countries where modern civilisation has become fully developed, a new class of petty Bourgeoisie has been formed
Nos países onde a civilização moderna se desenvolveu plenamente, formou-se uma nova classe de pequena burguesia
this new social class fluctuates between proletariat and Bourgeoisie
esta nova classe social oscila entre proletariado e burguesia
and it is ever renewing itself as a supplementary part of Bourgeoisie society
e está sempre se renovando como parte suplementar da sociedade burguesa

The individual members of this class, however, are being constantly hurled down into the proletariat

No entanto, os membros individuais desta classe são constantemente atirados para o proletariado

they are sucked up by the proletariat through the action of competition

são sugados pelo proletariado através da ação da concorrência

as modern industry develops they even see the moment approaching when they will completely disappear as an independent section of modern society

À medida que a indústria moderna se desenvolve, eles até veem se aproximar o momento em que desaparecerão completamente como uma seção independente da sociedade moderna

they will be replaced, in manufactures, agriculture and commerce, by overlookers, bailiffs and shopmen

serão substituídos, nas indústrias transformadoras, na agricultura e no comércio, por vigias, oficiais de justiça e comerciantes

In countries like France, where the peasants constitute far more than half of the population

Em países como a França, onde os camponeses constituem muito mais de metade da população

it was natural that there there are writers who sided with the proletariat against the Bourgeoisie

era natural que houvesse escritores que se colocassem do lado do proletariado contra a burguesia

in their criticism of the Bourgeoisie regime they used the standard of the peasant and petty Bourgeoisie

em suas críticas ao regime burguês, eles usaram o padrão da pequena burguesia camponesa e pequena burguesia

and from the standpoint of these intermediate classes they take up the cudgels for the working class

e do ponto de vista dessas classes intermediárias eles tomam as rédeas para a classe trabalhadora

Thus arose petty-Bourgeoisie Socialism, of which Sismondi was the head of this school, not only in France but also in England

Assim surgiu o socialismo pequeno-burguês, do qual Sismondi foi o chefe desta escola, não só na França, mas também na Inglaterra

This school of Socialism dissected with great acuteness the contradictions in the conditions of modern production

Esta escola do socialismo dissecou com grande acuidade as contradições nas condições de produção moderna

This school laid bare the hypocritical apologies of economists

Esta escola pôs a nu as desculpas hipócritas dos economistas

This school proved, incontrovertibly, the disastrous effects of machinery and division of labour

Esta escola provou, incontestavelmente, os efeitos desastrosos da maquinaria e da divisão do trabalho

it proved the concentration of capital and land in a few hands

provou a concentração de capital e terra em poucas mãos

it proved how overproduction leads to Bourgeoisie crises

provou como a superprodução leva a crises burguesas

it pointed out the inevitable ruin of the petty Bourgeoisie and peasant

apontava a inevitável ruína da pequena burguesia e do camponês

the misery of the proletariat, the anarchy in production, the crying inequalities in the distribution of wealth

a miséria do proletariado, a anarquia na produção, as gritantes desigualdades na distribuição da riqueza

it showed how the system of production leads the industrial war of extermination between nations

Mostrou como o sistema de produção lidera a guerra industrial de extermínio entre nações

the dissolution of old moral bonds, of the old family relations, of the old nationalities

a dissolução dos velhos laços morais, das velhas relações familiares, das velhas nacionalidades

In its positive aims, however, this form of Socialism aspires to achieve one of two things

No entanto, nos seus objetivos positivos, esta forma de socialismo aspira a alcançar uma de duas coisas

either it aims to restore the old means of production and of exchange

ou visa restaurar os antigos meios de produção e de troca

and with the old means of production it would restore the old property relations, and the old society

e com os antigos meios de produção restauraria as antigas relações de propriedade e a velha sociedade

or it aims to cramp the modern means of production and exchange into the old framework of the property relations

ou visa apertar os modernos meios de produção e trocar para o velho quadro das relações de propriedade

In either case, it is both reactionary and Utopian

Em ambos os casos, é reacionário e utópico

Its last words are: corporate guilds for manufacture, patriarchal relations in agriculture

Suas últimas palavras são: corporações para manufatura, relações patriarcais na agricultura

Ultimately, when stubborn historical facts had dispersed all intoxicating effects of self-deception

Em última análise, quando os fatos históricos teimosos haviam dispersado todos os efeitos inebriantes do autoengano

this form of Socialism ended in a miserable fit of pity

esta forma de socialismo terminou num miserável ataque de piedade

c) German, or "True," Socialism
c) Socialismo alemão, ou "verdadeiro"
The Socialist and Communist literature of France originated under the pressure of a Bourgeoisie in power
A literatura socialista e comunista da França teve origem sob a pressão de uma burguesia no poder
and this literature was the expression of the struggle against this power
e esta literatura foi a expressão da luta contra esse poder
it was introduced into Germany at a time when the Bourgeoisie had just begun its contest with feudal absolutism
foi introduzido na Alemanha numa altura em que a burguesia tinha acabado de começar a sua luta contra o absolutismo feudal
German philosophers, would-be philosophers, and beaux esprits, eagerly seized on this literature
Filósofos alemães, aspirantes a filósofos e beaux esprits, agarraram-se ansiosamente a esta literatura
but they forgot that the writings immigrated from France into Germany without bringing the French social conditions along
mas esqueceram que os escritos imigraram da França para a Alemanha sem trazer as condições sociais francesas
In contact with German social conditions, this French literature lost all its immediate practical significance
Em contacto com as condições sociais alemãs, esta literatura francesa perdeu todo o seu significado prático imediato
and the Communist literature of France assumed a purely literary aspect in German academic circles
e a literatura comunista da França assumiu um aspeto puramente literário nos círculos acadêmicos alemães
Thus, the demands of the first French Revolution were nothing more than the demands of "Practical Reason"
Assim, as exigências da primeira Revolução Francesa nada mais eram do que as exigências da "Razão Prática"

and the utterance of the will of the revolutionary French Bourgeoisie signified in their eyes the law of pure Will

e a pronúncia da vontade da burguesia francesa revolucionária significava aos seus olhos a lei da vontade pura

it signified Will as it was bound to be; of true human Will generally

significava a Vontade como ela estava fadada a ser; da verdadeira Vontade humana em geral

The world of the German literati consisted solely in bringing the new French ideas into harmony with their ancient philosophical conscience

O mundo dos literatos alemães consistia unicamente em harmonizar as novas ideias francesas com a sua antiga consciência filosófica

or rather, they annexed the French ideas without deserting their own philosophic point of view

ou melhor, anexaram as ideias francesas sem abandonar o seu próprio ponto de vista filosófico

This annexation took place in the same way in which a foreign language is appropriated, namely, by translation

Esta anexação ocorreu da mesma forma que uma língua estrangeira é apropriada, ou seja, através da tradução

It is well known how the monks wrote silly lives of Catholic Saints over manuscripts

É bem sabido como os monges escreveram vidas bobas de santos católicos sobre manuscritos

the manuscripts on which the classical works of ancient heathendom had been written

os manuscritos sobre os quais as obras clássicas do antigo paganismo tinham sido escritas

The German literati reversed this process with the profane French literature

Os literatos alemães inverteram esse processo com a literatura francesa profana

They wrote their philosophical nonsense beneath the French original

Escreveram os seus disparates filosóficos por baixo do original
francês

**For instance, beneath the French criticism of the economic
functions of money, they wrote "Alienation of Humanity"**
Por exemplo, sob a crítica francesa às funções econômicas do
dinheiro, eles escreveram "Alienação da Humanidade"

**beneath the French criticism of the Bourgeoisie State they
wrote "dethronement of the Category of the General"**
sob a crítica francesa ao Estado burguês escreveram
"destronamento da categoria do general"

**The introduction of these philosophical phrases at the back
of the French historical criticisms they dubbed:**
A introdução destas frases filosóficas no fundo das críticas
históricas francesas que apelidaram:

**"Philosophy of Action," "True Socialism," "German Science
of Socialism," "Philosophical Foundation of Socialism," and
so on**
"Filosofia da Ação", "Socialismo Verdadeiro", "Ciência Alemã
do Socialismo", "Fundamento Filosófico do Socialismo" e
assim por diante

**The French Socialist and Communist literature was thus
completely emasculated**
A literatura socialista e comunista francesa foi, assim,
completamente emasculada

**in the hands of the German philosophers it ceased to express
the struggle of one class with the other**
nas mãos dos filósofos alemães deixou de expressar a luta de
uma classe com a outra

**and so the German philosophers felt conscious of having
overcome "French one-sidedness"**
e assim os filósofos alemães sentiram-se conscientes de terem
superado a "unilateralidade francesa"

**it did not have to represent true requirements, rather, it
represented requirements of truth**
não tinha de representar exigências verdadeiras, mas sim
exigências de verdade

there was no interest in the proletariat, rather, there was interest in Human Nature

não havia interesse pelo proletariado, pelo contrário, havia interesse pela Natureza Humana

the interest was in Man in general, who belongs to no class, and has no reality

o interesse era pelo Homem em geral, que não pertence a nenhuma classe e não tem realidade

a man who exists only in the misty realm of philosophical fantasy

um homem que só existe no reino nebuloso da fantasia filosófica

but eventually this schoolboy German Socialism also lost its pedantic innocence

mas, eventualmente, este estudante do socialismo alemão também perdeu a sua inocência pedante

the German Bourgeoisie, and especially the Prussian Bourgeoisie fought against feudal aristocracy

a burguesia alemã, e especialmente a burguesia prussiana, lutaram contra a aristocracia feudal

the absolute monarchy of Germany and Prussia was also being faught against

a monarquia absoluta da Alemanha e da Prússia também estava sendo combatida

and in turn, the literature of the liberal movement also became more earnest

e, por sua vez, a literatura do movimento liberal também se tornou mais séria

Germany's long wished-for opportunity for "true" Socialism was offered

A tão desejada oportunidade da Alemanha para o "verdadeiro" socialismo foi oferecida

the opportunity of confronting the political movement with the Socialist demands

a oportunidade de confrontar o movimento político com as reivindicações socialistas

the opportunity of hurling the traditional anathemas against liberalism

a oportunidade de lançar os anátemas tradicionais contra o liberalismo

the opportunity to attack representative government and Bourgeoisie competition

a oportunidade de atacar o governo representativo e a concorrência burguesa

Bourgeoisie freedom of the press, Bourgeoisie legislation, Bourgeoisie liberty and equality

Burguesia liberdade de imprensa, legislação burguesa, burguesia liberdade e igualdade

all of these could now be critiqued in the real world, rather than in fantasy

tudo isso agora poderia ser criticado no mundo real, e não na fantasia

feudal aristocracy and absolute monarchy had long preached to the masses

A aristocracia feudal e a monarquia absoluta há muito pregavam às massas

"the working man has nothing to lose, and he has everything to gain"

"o trabalhador não tem nada a perder e tem tudo a ganhar"

the Bourgeoisie movement also offered a chance to confront these platitudes

o movimento burguês também ofereceu uma oportunidade para confrontar esses chavões

the French criticism presupposed the existence of modern Bourgeoisie society

a crítica francesa pressupunha a existência da sociedade burguesa moderna

Bourgeoisie economic conditions of existence and Bourgeoisie political constitution

Condições econômicas de existência da burguesia e constituição política da burguesia

the very things whose attainment was the object of the pending struggle in Germany

as mesmas coisas cuja realização foi objeto da luta pendente na Alemanha

Germany's silly echo of socialism abandoned these goals just in the nick of time

O eco tolo do socialismo na Alemanha abandonou esses objetivos em cima da hora

the absolute governments had their following of parsons, professors, country squires and officials

Os governos absolutos tinham seus seguidores de parsons, professores, escudeiros e funcionários

the government of the time met the German working-class risings with floggings and bullets

o governo da época enfrentou os levantes da classe trabalhadora alemã com açoites e balas

for them this socialism served as a welcome scarecrow against the threatening Bourgeoisie

para eles, este socialismo serviu de espantalho bem-vindo contra a burguesia ameaçadora

and the German government was able to offer a sweet dessert after the bitter pills it handed out

e o governo alemão foi capaz de oferecer uma sobremesa doce depois das pílulas amargas que distribuiu

this "True" Socialism thus served the governments as a weapon for fighting the German Bourgeoisie

este "verdadeiro" socialismo serviu, assim, aos governos como arma de combate à burguesia alemã

and, at the same time, it directly represented a reactionary interest; that of the German Philistines

e, ao mesmo tempo, representava diretamente um interesse reacionário; a dos filisteus alemães

In Germany the petty Bourgeoisie class is the real social basis of the existing state of things

Na Alemanha, a classe da pequena burguesia é a base social real do estado de coisas existente

a relique of the sixteenth century that has constantly been cropping up under various forms

uma relíquia do século XVI que tem surgido constantemente sob várias formas

To preserve this class is to preserve the existing state of things in Germany

Preservar esta classe é preservar o estado de coisas existente na Alemanha

The industrial and political supremacy of the Bourgeoisie threatens the petty Bourgeoisie with certain destruction

A supremacia industrial e política da burguesia ameaça a pequena burguesia com certa destruição

on the one hand, it threatens to destroy the petty Bourgeoisie through the concentration of capital

por um lado, ameaça destruir a pequena burguesia através da concentração de capital

on the other hand, the Bourgeoisie threatens to destroy it through the rise of a revolutionary proletariat

por outro lado, a burguesia ameaça destruí-la através da ascensão de um proletariado revolucionário

"True" Socialism appeared to kill these two birds with one stone. It spread like an epidemic

O "verdadeiro" socialismo parecia matar esses dois pássaros com uma cajadada só. Espalhou-se como uma epidemia

The robe of speculative cobwebs, embroidered with flowers of rhetoric, steeped in the dew of sickly sentiment

O manto das teias de aranha especulativas, bordadas com flores de retórica, mergulhadas no orvalho do sentimento doentio

this transcendental robe in which the German Socialists wrapped their sorry "eternal truths"

este manto transcendental em que os socialistas alemães embrulhavam as suas tristes "verdades eternas"

all skin and bone, served to wonderfully increase the sale of their goods amongst such a public

toda a pele e osso, serviu para aumentar maravilhosamente a venda de seus bens entre tal público

And on its part, German Socialism recognised, more and more, its own calling

E, por sua vez, o socialismo alemão reconheceu, cada vez mais, a sua própria vocação

it was called to be the bombastic representative of the petty-Bourgeoisie Philistine

foi chamado a ser o bombástico representante da pequena burguesia filisteia

It proclaimed the German nation to be the model nation, and German petty Philistine the model man

Proclamou a nação alemã como a nação modelo, e o pequeno filisteu alemão como o homem modelo

To every villainous meanness of this model man it gave a hidden, higher, Socialistic interpretation

A cada mesquinhez vilã desse homem modelo dava uma interpretação oculta, superior, socialista

this higher, Socialistic interpretation was the exact contrary of its real character

esta interpretação superior, socialista, era exatamente o contrário de seu caráter real

It went to the extreme length of directly opposing the "brutally destructive" tendency of Communism

Chegou ao extremo de se opor diretamente à tendência "brutalmente destrutiva" do comunismo

and it proclaimed its supreme and impartial contempt of all class struggles

e proclamou o seu supremo e imparcial desprezo por todas as lutas de classes

With very few exceptions, all the so-called Socialist and Communist publications that now (1847) circulate in Germany belong to the domain of this foul and enervating literature

Com pouquíssimas exceções, todas as publicações ditas socialistas e comunistas que hoje (1847) circulam na Alemanha pertencem ao domínio dessa literatura suja e enervante

Conservative Socialism, or Bourgeoisie Socialism
Socialismo conservador, ou socialismo burguês

A part of the Bourgeoisie is desirous of redressing social grievances

Uma parte da burguesia está desejosa de reparar as queixas sociais

in order to secure the continued existence of Bourgeoisie society

a fim de assegurar a continuidade da sociedade burguesa

To this section belong economists, philanthropists, humanitarians

A esta seção pertencem economistas, filantropos, humanitários

improvers of the condition of the working class and organisers of charity

melhoradores da condição da classe trabalhadora e organizadores da caridade

members of societies for the prevention of cruelty to animals

Membros das Sociedades para a Prevenção da Crueldade contra os Animais

temperance fanatics, hole-and-corner reformers of every imaginable kind

fanáticos da temperança, reformadores de todos os tipos imagináveis

This form of Socialism has, moreover, been worked out into complete systems

Esta forma de socialismo foi, além disso, trabalhada em sistemas completos

We may cite Proudhon's "Philosophie de la Misère" as an example of this form

Podemos citar a "Philosophie de la Misère" de Proudhon como exemplo desta forma

The Socialistic Bourgeoisie want all the advantages of modern social conditions

A burguesia socialista quer todas as vantagens das condições sociais modernas

but the Socialistic Bourgeoisie don't necessarily want the resulting struggles and dangers

mas a burguesia socialista não quer necessariamente as lutas e perigos resultantes

They desire the existing state of society, minus its revolutionary and disintegrating elements

Desejam o estado existente da sociedade, menos os seus elementos revolucionários e desagregadores

in other words, they wish for a Bourgeoisie without a proletariat

por outras palavras, desejam uma burguesia sem proletariado

The Bourgeoisie naturally conceives the world in which it is supreme to be the best

A burguesia concebe naturalmente o mundo em que é supremo ser o melhor

and Bourgeoisie Socialism develops this comfortable conception into various more or less complete systems

e o socialismo burguês desenvolve essa conceção confortável em vários sistemas mais ou menos completos

they would very much like the proletariat to march straightway into the social New Jerusalem

eles gostariam muito que o proletariado marchasse diretamente para a Nova Jerusalém social

but in reality it requires the proletariat to remain within the bounds of existing society

mas, na realidade, exige que o proletariado permaneça dentro dos limites da sociedade existente

they ask the proletariat to cast away all their hateful ideas concerning the Bourgeoisie

pedem ao proletariado que abandone todas as suas ideias odiosas em relação à burguesia

there is a second more practical, but less systematic, form of this Socialism

há uma segunda forma mais prática, mas menos sistemática, deste socialismo

this form of socialism sought to depreciate every revolutionary movement in the eyes of the working class

Esta forma de socialismo procurava depreciar todos os movimentos revolucionários aos olhos da classe operária

they argue no mere political reform could be of any advantage to them

Eles argumentam que nenhuma mera reforma política poderia ser vantajosa para eles

only a change in the material conditions of existence in economic relations are of benefit

só uma mudança nas condições materiais de existência nas relações económicas é benéfica

like communism, this form of socialism advocates for a change in the material conditions of existence

Tal como o comunismo, esta forma de socialismo defende uma mudança nas condições materiais de existência

however, this form of socialism by no means suggests the abolition of the Bourgeoisie relations of production

no entanto, esta forma de socialismo não sugere de modo algum a abolição das relações de produção burguesas

the abolition of the Bourgeoisie relations of production can only be achieved through a revolution

a abolição das relações de produção burguesas só pode ser alcançada através de uma revolução

but instead of a revolution, this form of socialism suggests administrative reforms

Mas, em vez de uma revolução, esta forma de socialismo sugere reformas administrativas

and these administrative reforms would be based on the continued existence of these relations

e estas reformas administrativas basear-se-iam na manutenção dessas relações

reforms, therefore, that in no respect affect the relations between capital and labour

reformas, portanto, que em nada afetam as relações entre capital e trabalho

at best, such reforms lessen the cost and simplify the administrative work of Bourgeoisie government

na melhor das hipóteses, tais reformas diminuem o custo e simplificam o trabalho administrativo do governo burguês

Bourgeois Socialism attains adequate expression, when, and only when, it becomes a mere figure of speech

O socialismo burguês alcança expressão adequada, quando, e somente quando, se torna uma mera figura de linguagem

Free trade: for the benefit of the working class

Comércio livre: em benefício da classe trabalhadora

Protective duties: for the benefit of the working class

Deveres de proteção: em benefício da classe trabalhadora

Prison Reform: for the benefit of the working class

Reforma penitenciária: em benefício da classe trabalhadora

This is the last word and the only seriously meant word of Bourgeoisie Socialism

Esta é a última palavra e a única palavra séria do socialismo burguês

It is summed up in the phrase: the Bourgeoisie is a Bourgeoisie for the benefit of the working class

Resume-se na frase: a burguesia é uma burguesia em benefício da classe trabalhadora

Critical-Utopian Socialism and Communism
Socialismo crítico-utópico e comunismo

We do not here refer to that literature which has always given voice to the demands of the proletariat

Não nos referimos aqui àquela literatura que sempre deu voz às reivindicações do proletariado

this has been present in every great modern revolution, such as the writings of Babeuf and others

isso esteve presente em todas as grandes revoluções modernas, como os escritos de Babeuf e outros

The first direct attempts of the proletariat to attain its own ends necessarily failed

As primeiras tentativas diretas do proletariado de atingir seus próprios fins necessariamente fracassaram

these attempts were made in times of universal excitement, when feudal society was being overthrown

Essas tentativas foram feitas em tempos de excitação universal, quando a sociedade feudal estava sendo derrubada

the then undeveloped state of the proletariat led to those attempts failing

O estado então subdesenvolvido do proletariado levou ao fracasso dessas tentativas

and they failed due to the absence of the economic conditions for its emancipation

e falharam devido à ausência de condições económicas para a sua emancipação

conditions that had yet to be produced, and could be produced by the impending Bourgeoisie epoch alone

condições que ainda não tinham sido produzidas, e poderiam ser produzidas apenas pela época burguesa iminente

The revolutionary literature that accompanied these first movements of the proletariat had necessarily a reactionary character

A literatura revolucionária que acompanhou esses primeiros movimentos do proletariado tinha necessariamente um caráter reacionário

This literature inculcated universal asceticism and social levelling in its crudest form

Esta literatura inculcou o ascetismo universal e o nivelamento social na sua forma mais crua

The Socialist and Communist systems, properly so called, spring into existence in the early undeveloped period

Os sistemas socialista e comunista, propriamente ditos, surgiram no início do período subdesenvolvido

Saint-Simon, Fourier, Owen and others, described the struggle between proletariat and Bourgeoisie (see Section 1)

Saint-Simon, Fourier, Owen e outros, descreveram a luta entre proletariado e burguesia (ver Seção 1)

The founders of these systems see, indeed, the class antagonisms

Os fundadores desses sistemas veem, de fato, os antagonismos de classe

they also see the action of the decomposing elements, in the prevailing form of society

vêem também a ação dos elementos em decomposição, na forma predominante da sociedade

But the proletariat, as yet in its infancy, offers to them the spectacle of a class without any historical initiative

Mas o proletariado, ainda na sua infância, oferece-lhes o espetáculo de uma classe sem qualquer iniciativa histórica

they see the spectacle of a social class without any independent political movement

Vêem o espetáculo de uma classe social sem qualquer movimento político independente

the development of class antagonism keeps even pace with the development of industry

O desenvolvimento do antagonismo de classe acompanha o desenvolvimento da indústria

so the economic situation does not as yet offer to them the material conditions for the emancipation of the proletariat

Assim, a situação económica ainda não lhes oferece as condições materiais para a emancipação do proletariado

They therefore search after a new social science, after new social laws, that are to create these conditions

Procuram, portanto, uma nova ciência social, novas leis sociais, que criem essas condições

historical action is to yield to their personal inventive action

a ação histórica é ceder à sua ação inventiva pessoal

historically created conditions of emancipation are to yield to fantastic conditions

condições historicamente criadas de emancipação são ceder a condições fantásticas

and the gradual, spontaneous class-organisation of the proletariat is to yield to the organisation of society

e a organização de classe gradual e espontânea do proletariado é ceder à organização da sociedade

the organisation of society specially contrived by these inventors

a organização da sociedade especialmente inventada por estes inventores

Future history resolves itself, in their eyes, into the propaganda and the practical carrying out of their social plans

A história futura resolve-se, aos seus olhos, na propaganda e na realização prática dos seus planos sociais

In the formation of their plans they are conscious of caring chiefly for the interests of the working class

Na formação de seus planos, eles estão conscientes de cuidar principalmente dos interesses da classe trabalhadora

Only from the point of view of being the most suffering class does the proletariat exist for them

Só do ponto de vista de serem a classe mais sofrida é que o proletariado existe para eles

The undeveloped state of the class struggle and their own surroundings inform their opinions

O estado subdesenvolvido da luta de classes e o seu próprio ambiente informam as suas opiniões

Socialists of this kind consider themselves far superior to all class antagonisms

Socialistas deste tipo consideram-se muito superiores a todos os antagonismos de classe

They want to improve the condition of every member of society, even that of the most favoured

Querem melhorar a condição de todos os membros da sociedade, mesmo dos mais favorecidos

Hence, they habitually appeal to society at large, without distinction of class

Por isso, costumam apelar para a sociedade em geral, sem distinção de classe

nay, they appeal to society at large by preference to the ruling class

pelo contrário, apelam à sociedade em geral por preferência à classe dominante

to them, all it requires is for others to understand their system

Para eles, tudo o que é necessário é que os outros entendam o seu sistema

because how can people fail to see that the best possible plan is for the best possible state of society?

Porque como podem as pessoas não ver que o melhor plano possível é para o melhor estado possível da sociedade?

Hence, they reject all political, and especially all revolutionary, action

Por isso, rejeitam toda a ação política e, sobretudo, toda a ação revolucionária

they wish to attain their ends by peaceful means

desejam atingir os seus fins por meios pacíficos

they endeavour, by small experiments, which are necessarily doomed to failure

Esforçam-se, através de pequenas experiências, necessariamente condenadas ao fracasso

and by the force of example they try to pave the way for the new social Gospel

e, pela força do exemplo, procuram abrir caminho para o novo Evangelho social

Such fantastic pictures of future society, painted at a time when the proletariat is still in a very undeveloped state

Tais imagens fantásticas da sociedade futura, pintadas numa época em que o proletariado ainda está em um estado muito subdesenvolvido

and it still has but a fantastical conception of its own position

e ainda tem apenas uma conceção fantástica de sua própria posição

but their first instinctive yearnings correspond with the yearnings of the proletariat

mas os seus primeiros anseios instintivos correspondem aos anseios do proletariado

both yearn for a general reconstruction of society

Ambos anseiam por uma reconstrução geral da sociedade

But these Socialist and Communist publications also contain a critical element

Mas estas publicações socialistas e comunistas contêm também um elemento crítico

They attack every principle of existing society

Atacam todos os princípios da sociedade existente

Hence they are full of the most valuable materials for the enlightenment of the working class

Por isso, estão repletos dos materiais mais valiosos para o esclarecimento da classe trabalhadora

they propose abolition of the distinction between town and country, and the family

propõem a abolição da distinção entre cidade e campo, e família

the abolition of the carrying on of industries for the account of private individuals

a abolição do exercício de atividades por conta de particulares

and the abolition of the wage system and the proclamation of social harmony

e a abolição do sistema salarial e a proclamação da harmonia
social

**the conversion of the functions of the State into a mere
superintendence of production**

a conversão das funções do Estado numa mera
superintendência da produção

**all these proposals, point solely to the disappearance of class
antagonisms**

Todas estas propostas apontam apenas para o
desaparecimento dos antagonismos de classe

class antagonisms were, at that time, only just cropping up

Os antagonismos de classe estavam, naquela época, apenas
surgindo

**in these publications these class antagonisms are recognised
in their earliest, indistinct and undefined forms only**

Nestas publicações, estes antagonismos de classe são
reconhecidos apenas nas suas formas mais antigas, indistintas
e indefinidas

These proposals, therefore, are of a purely Utopian character

Estas propostas têm, portanto, um carácter puramente utópico

**The significance of Critical-Utopian Socialism and
Communism bears an inverse relation to historical
development**

O significado do socialismo crítico-utópico e do comunismo
tem uma relação inversa com o desenvolvimento histórico

**the modern class struggle will develop and continue to take
definite shape**

A luta de classes moderna desenvolver-se-á e continuará a
tomar forma definitiva

**this fantastic standing from the contest will lose all practical
value**

Esta fantástica posição do concurso perderá todo o valor
prático

**these fantastic attacks on class antagonisms will lose all
theoretical justification**

Estes fantásticos ataques aos antagonismos de classe perderão toda a justificação teórica

the originators of these systems were, in many respects, revolutionary

Os criadores destes sistemas foram, em muitos aspetos, revolucionários

but their disciples have, in every case, formed mere reactionary sects

mas os seus discípulos formaram, em todos os casos, meras seitas reacionárias

They hold tightly to the original views of their masters

Eles se apegam firmemente às visões originais de seus mestres

but these views are in opposition to the progressive historical development of the proletariat

Mas estas visões opõem-se ao desenvolvimento histórico progressista do proletariado

They, therefore, endeavour, and that consistently, to deaden the class struggle

Procuram, portanto, e isso de forma consistente, amortecer a luta de classes

and they consistently endeavour to reconcile the class antagonisms

e esforçam-se consistentemente por conciliar os antagonismos de classe

They still dream of experimental realisation of their social Utopias

Eles ainda sonham com a realização experimental de suas utopias sociais

they still dream of founding isolated "phalansteres" and establishing "Home Colonies"

eles ainda sonham em fundar "falanges" isoladas e estabelecer "Colônias Domésticas"

they dream of setting up a "Little Icaria" — duodecimo editions of the New Jerusalem

eles sonham em criar uma "Pequena Icaria" - edições duodecimo da Nova Jerusalém

and they dream to realise all these castles in the air
e sonham em realizar todos esses castelos no ar
they are compelled to appeal to the feelings and purses of the bourgeois
são compelidos a apelar para os sentimentos e bolsas dos burgueses
By degrees they sink into the category of the reactionary conservative Socialists depicted above
Aos poucos, eles se afundam na categoria dos socialistas conservadores reacionários descritos acima
they differ from these only by more systematic pedantry
eles diferem destes apenas por pedantismo mais sistemático
and they differ by their fanatical and superstitious belief in the miraculous effects of their social science
e diferem pela sua crença fanática e supersticiosa nos efeitos milagrosos da sua ciência social
They, therefore, violently oppose all political action on the part of the working class
Eles, portanto, se opõem violentamente a toda ação política por parte da classe trabalhadora
such action, according to them, can only result from blind unbelief in the new Gospel
tal ação, segundo eles, só pode resultar de uma incredulidade cega no novo Evangelho
The Owenites in England, and the Fourierists in France, respectively, oppose the Chartists and the "Réformistes"
Os Owenites na Inglaterra, e os Fourieristas na França, respectivamente, se opõem aos Cartistas e aos "Réformistes"

Position of the Communists in Relation to the Various Existing Opposision Parties

Posição dos comunistas em relação aos vários partidos de oposição existents

Section II has made clear the relations of the Communists to the existing working-class parties

A Secção II deixou claras as relações dos comunistas com os partidos operários existentes

such as the Chartists in England, and the Agrarian Reformers in America

como os Cartistas na Inglaterra e os Reformadores Agrários na América

The Communists fight for the attainment of the immediate aims

Os comunistas lutam pela concretização dos objetivos imediatos

they fight for the enforcement of the momentary interests of the working class

lutam pela efetivação dos interesses momentâneos da classe trabalhadora

but in the political movement of the present, they also represent and take care of the future of that movement

mas no movimento político do presente, eles também representam e cuidam do futuro desse movimento

In France the Communists ally themselves with the Social-Democrats

Em França, os comunistas aliam-se aos sociais-democratas

and they position themselves against the conservative and radical Bourgeoisie

e posicionam-se contra a burguesia conservadora e radical

however, they reserve the right to take up a critical position in regard to phrases and illusions traditionally handed down from the great Revolution

no entanto, reservam-se o direito de assumir uma posição
crítica em relação a frases e ilusões tradicionalmente
transmitidas da grande Revolução
**In Switzerland they support the Radicals, without losing
sight of the fact that this party consists of antagonistic
elements**
Na Suíça, apoiam os radicais, sem perder de vista que este
partido é composto por elementos antagónicos
**partly of Democratic Socialists, in the French sense, partly of
radical Bourgeoisie**
em parte de socialistas democráticos, no sentido francês, em
parte de burguesia radical
**In Poland they support the party that insists on an agrarian
revolution as the prime condition for national emancipation**
Na Polónia apoiam o partido que insiste numa revolução
agrária como condição primordial para a emancipação
nacional
**that party which fomented the insurrection of Cracow in
1846**
o partido que fomentou a insurreição de Cracóvia em 1846
**In Germany they fight with the Bourgeoisie whenever it acts
in a revolutionary way**
Na Alemanha, eles lutam com a burguesia sempre que ela age
de forma revolucionária
**against the absolute monarchy, the feudal squirearchy, and
the petty Bourgeoisie**
contra a monarquia absoluta, o esguicho feudal e a pequena
burguesia
**But they never cease, for a single instant, to instil into the
working class one particular idea**
Mas eles nunca cessam, por um único instante, de incutir na
classe trabalhadora uma ideia particular
**the clearest possible recognition of the hostile antagonism
between Bourgeoisie and proletariat**
o reconhecimento mais claro possível do antagonismo hostil
entre burguesia e proletariado

so that the German workers may straightaway use the weapons at their disposal

para que os trabalhadores alemães possam utilizar imediatamente as armas de que dispõem;

the social and political conditions that the Bourgeoisie must necessarily introduce along with its supremacy

as condições sociais e políticas que a burguesia deve necessariamente introduzir juntamente com a sua supremacia

the fall of the reactionary classes in Germany is inevitable

a queda das classes reacionárias na Alemanha é inevitável

and then the fight against the Bourgeoisie itself may immediately begin

e então a luta contra a própria burguesia pode começar imediatamente

The Communists turn their attention chiefly to Germany, because that country is on the eve of a Bourgeoisie revolution

Os comunistas voltam sua atenção principalmente para a Alemanha, porque este país está às vésperas de uma revolução burguesa

a revolution that is bound to be carried out under more advanced conditions of European civilisation

uma revolução que está fadada a realizar-se em condições mais avançadas da civilização europeia

and it is bound to be carried out with a much more developed proletariat

e está fadado a ser realizado com um proletariado muito mais desenvolvido

a proletariat more advanced than that of England was in the seventeenth, and of France in the eighteenth century

um proletariado mais avançado do que o da Inglaterra no século XVII, e o da França no século XVIII

and because the Bourgeoisie revolution in Germany will be but the prelude to an immediately following proletarian revolution

e porque a revolução burguesa na Alemanha será apenas o prelúdio de uma revolução proletária imediatamente seguinte

In short, the Communists everywhere support every revolutionary movement against the existing social and political order of things

Em suma, os comunistas em toda a parte apoiam todos os movimentos revolucionários contra a ordem social e política existente

In all these movements they bring to the front, as the leading question in each, the property question

Em todos esses movimentos eles trazem para a frente, como a questão principal em cada um, a questão da propriedade

no matter what its degree of development is in that country at the time

não importa qual seja o seu grau de desenvolvimento naquele país no momento

Finally, they labour everywhere for the union and agreement of the democratic parties of all countries

Finalmente, trabalham em todo o lado pela união e acordo dos partidos democráticos de todos os países

The Communists disdain to conceal their views and aims

Os comunistas desdenham de esconder as suas opiniões e objetivos

They openly declare that their ends can be attained only by the forcible overthrow of all existing social conditions

Eles declaram abertamente que seus fins só podem ser alcançados pela derrubada forçada de todas as condições sociais existentes

Let the ruling classes tremble at a Communistic revolution

Que as classes dominantes tremam perante uma revolução comunista

The proletarians have nothing to lose but their chains

Os proletários não têm nada a perder a não ser as suas correntes

They have a world to win

Eles têm um mundo a ganhar

WORKING MEN OF ALL COUNTRIES, UNITE!
TRABALHADORES DE TODOS OS PAÍSES, UNI-VOS!

www.ingramcontent.com/pod-product-compliance
Lightning Source LLC
Chambersburg PA
CBHW011739020426
42333CB00024B/2959